엔지니어가 알아야 할
재고관리시스템의

'지식'과 '기술'

주식회사 GeNEE DX/IT솔루션 사업부 지음 / 권수경 옮김

BM (주)도서출판 성안당

エンジニアが学ぶ在庫管理システムの「知識」と「技術」

(Engineer ga Manabu Zaikokanri System no Chishiki to Gijyutsu : 7693-2)

ⓒ 2023 GeNEE Corporation of DX & IT Solution Division

Original Japanese edition published by SHOEISHA Co.,Ltd.

Korean Translation rights arranged with SHOEISHA Co.,Ltd. through Eric Yang Agency, Inc.

Korean translation copyright ⓒ 2024 by Sung An Dang, Inc.

시작하며

▌변화하는 재고 관리법

일본은 제2차 세계 대전 이후의 부흥기를 지나 고도 경제 성장기를 맞이하며 이른바 만들면 모두 팔리는 시대, 대량 생산 대량 소비의 시대를 경험하였다. 수요량이 공급량을 웃돌던 이 시대에 재고 관리 업무가 맡은 과제는 재고의 보수 관리(maintenance management)였다. 즉 재고품이 소실·파손·마모되지 않도록 적절하게 관리하는 것이 가장 중요했다.

하지만 시간이 지나 현대의 일본 경제 상황은 전혀 달라졌다. 대량 생산·대량 소비의 시대는 종말을 맞이하였고 미국, 유럽, 중국 등의 글로벌 기업들과 치열한 경쟁에 돌입하는 가운데, 브릭스(BRICs)에 이은 유력 신흥국가 그룹인 VISTA[베트남(Vietnam), 인도네시아(Indonesia), 남아프리카공화국(South Africa), 튀르키예(Turkey), 아르헨티나(Argentina)]가 대두되었다. 그러면서 혁신성과 독자성을 겸비한 테크놀로지 계열의 스타트업 기업들이 신규 시장 창출과 기존 시장 파괴를 주도하며 눈부신 속도로 세계 경제 환경에 변화를 일으켰다.

이와 같이 다양한 외적 요인의 영향으로 인해 과거의 재고 보수 관리 방법들은 전혀 의미가 없어졌다. 그리고 현대에는 다양화되는 고객의 잠재 수요에 맞춰 독자성을 가지고 소량 생산하는 **다품종 소량 생산**이 주류를 이루게 되었다. 또한 기계학습과 심층학습을 거친 **AI 기술**을 이용한 고밀도 수요 예측을 통해 재고량 과잉 현상이 사라지는 **적정량 재고 관리의 실현**이 필요하게 되었다.

▌재고 관리 시스템을 담당하는 엔지니어에게 무엇이 필요할까

재고를 처리하는 기업인 소매업과 제조업에서는 규모의 경제(생산량과 생산 규모를 높임으로써 단위당 생산 비용이 낮아지는 현상, economies of scale)가 이루어지기 쉽고, 공장 설비와 사업 규모 확장에 맞춰 개당 제조 생산 비용을 낮출 수 있으므로 시장 경쟁에서 유리한 상황을 만들어 나갈 수 있다. 또 한편으로 규모의 경제가 실현되면 사업 규모도 이에 비례하여 확장되므로 조직 체계, 업무 관리 방법, 작업 흐름(workflow), 재고 관리 시스템을 포함한 회사 전체 시스템 환경에도 큰 변화가 일어날 것이다.

재고 관리 시스템을 설계, 개발하는 단계별로 엔지니어에게 필요한 노하우나 기술은 다르겠지만 만약 규모의 경제가 실현되기 이전이라면 **확대기라 가정한 상황에서의 시스템 부하나 적절한 시스템 사양, 구성(네트워크와 같은 인프라 환경 포함)을 제대로 구상하고 적절한 타이밍에 관계자에게 정보를 전달하여야 한다.**

또한 재고 관리 시스템과 연계되는 IoT 중량계나 화상 인식 기술 등의 기술은 나날이 진화하고 있다. **이와 같은 최첨단 기술과 재고 관리 시스템이 제대로 연계된다면 업무 효율화와 기업 가치는 더욱 향상될 것이다.** 이런 의미에서 재고 관리 시스템을 다루는 엔지니어는 최첨단 기술과 관련된 식견, 노하우, 정보 수집력이 반드시 필요하다고 할 수 있다.

▌이 책의 구성

이 책은 재고 관리 시스템을 다루는 엔지니어들에게 필수적이고 기본적인 지식을 정리한 책이다.

제1장에서는 **엔지니어가 알아야 할 재고 관리 시스템의 기본과 재고 관리 업무를 실행할 때 생길 수 있는 문제들**, 그리고 **재고 관리 업무와 AI의 관계**에 대해 설명한다.

제2장에서는 **재고의 정의를 다시 확인하고 제조업과 소매업에서 사용하는 재고와 그 명칭에 대해 이야기한다.** 책에서도 설명하겠지만 같은 재고라 해도 그 단계에 따라 부르는 이름이 달라진다. 또한 재고를 취급하는 업무 관리 시스템상에서도 명칭이 달라지는 경우가 있다. 제2장에서는 이러한 내용에 대해 자세히 설명한다.

제3장에서는 **재고 관리의 목적과 수준 그리고 기업이 목표로 삼아야 할 방향성**에 대해 설명한다. 기업은 모두 저마다 사업 규모와 특성 시스템 예산이 모두 다르지만 재고 관리의 관점에서 보았을 때 목적과 수준, 방향성을 어느 정도로 유지해야 하는지에 대해 설명한다.

제4장에서는 재고 관리 시스템의 핵심 기능인 **발주 관리 기능**에 초점을 맞춰서 중

요성과 구조에 대해 설명한다. 재고 관리 업무의 최고 명제는 '재고 최적화'이며 이를 실현하기 위해 최근의 기업들이 어떤 재고 관리 방식을 채택하고 있는지 그리고 여기에 사용하는 분석 방법은 무엇인지 자세히 살펴보고자 한다.

제5장에서는 재고 관리 시스템과 관련된 **생산 관리 시스템**에 대해 설명한다. 이 장에서는 제조 지시를 받은 후 실제로 제조, 생산하고 재고로 취급되기까지 구체적으로 어떤 시스템으로 이뤄지는지 설명한다. 또한 글로벌 시장에서 효율적으로 제조, 생산하기 위한 방법으로 어떤 것이 있는지 소개한다.

제6장은 재고 관리 시스템에 따르는 **판매 관리 시스템**에 대해 소개한다. 그리고 판매 전 시점에서 실시하는 수요 예측 방법에 대해 소개하며 주문을 받은 후 실제로 거래처와 손님들에게 판매하기까지의 과정을 순서대로 설명한다.

제7장에서는 **구매 관리 시스템**에 대해 설명한다. 상품이 품절되면 이는 기업의 기회손실로 이어진다. 또한 단 한 번이라도 결품이나 품절이 발생하면 거래처나 소비자에게 불안 요소로 작용하여 이후의 거래에 큰 영향을 미칠 수 있다. 즉 구매 관리 시스템은 재고 상황에 따라 적정 수량을 발주하는 시스템이다. 기업에 따라 원재료를 주문하는 경우도 있고 상품 그 자체를 주문하는 경우도 있는데 이때 구매 관리와 재고 관리가 서로 밀접하게 연계하여 결품 또는 품절을 미연에 방지하는 것이다.

제8장은 재고 관리 시스템과 절대 뗄 수 없는 **회계 관리 시스템**에 대해 이야기한다. 일반적으로는 각각 시스템에서 비슷한 데이터를 가지고 있는데 수량 관리나 재고 평가와 같은 항목으로 각 시스템별로 해야 할 일이 정해진다. 이 장에서는 회계 관리 시스템상에서 재고가 어떻게 처리되는지 기초적인 부분부터 설명하겠다.

제9장은 **원가 관리 시스템**에 대해 설명한다. 제조업과 같이 자사에서 상품을 제조 생산하는 경우 원가 계산, 관리가 반드시 필요하다. 또한 원가 관리는 회계 관리와 다르게 자사가 독자적으로 제도를 설계하고 운영하며 기업마다 그 모습이나 형태가 달라진다. 이 책에서 그 모든 내용을 설명하기는 어렵겠지만, 가장 중요한 원가 계산 시스템 제조·생산 비용을 어떤 방식으로 계산하는지에 대해 설명하도록 하겠다.

제10장은 **앞에서 다룬 제반 시스템 외에 재고 관리와 접점이 있는 업무 시스템**에 대해 소개한다. 주로 LMS라고 부르는 물류 관리 시스템, TMS라 부르는 배송 관리 시스템, WMS라 부르는 창고 관리 시스템에 대해 이야기한다. 사실 이 모든 시스템이 재고 관리 업무와 접점이 있고 최근에는 중심이 되는 시스템과 별도로 이러한 관리

시스템을 개발, 구축하는 경우가 늘어나고 있으므로 이에 대해 설명하고자 한다.

마지막으로 11장에서는 **재고 관리 시스템의 미래**에 대해 이야기한다. 최근 들어 기술이 눈에 띄게 발전하고 있으며 이러한 동향은 재고 관리 시스템에도 영향을 미치고 있다. 비슷한 이유로 중국에서는 관련 기술 개발이 활발하게 이루어지면서 모바일 앱이나 화상 인식 기술을 결합한 재고 관리 사례도 등장하고 있다. 이 책에서 그 모든 걸 설명하기 어렵겠지만 몇가지 테마를 설정하고 신기술과 재고 관리 시스템이 어떻게 연동하고 있는지 구체적으로 설명하도록 하겠다.

이 책을 통해 필자는 제조업, 소매업, 유통업과 같은 분야에서 사내 재고 관리 시스템을 담당하는 엔지니어, 또는 동종 업계나 업종을 대상으로 시스템 설계 및 개발을 수행하는 시스템 엔지니어들에게 실용적이면서 유익한 정보를 제공하고 나아가 재고를 관리하는 모든 업계가 발전하기를 기대한다.

2023년 2월, 히가노 타쿠야 씀

차례

제 **7** 장 │ 재고 관리 관련 시스템(3) – 구매 관리

제 **8** 장 │ 재고 관리 관련 시스템(4) – 회계 관리

제 9 장 │ 재고 관리 관련 시스템(5) – 원가 관리

제 10 장 │ 그 외의 재고 관리 관련 업무 관리 시스템

제 11 장 재고 관리 관련 최신 테크놀로지 동향

제 **1** 장

재고 관리 시스템의 현재

재고 관리 시스템의 존재 의의

재고 관리 시스템을 잘 활용하려면 어떻게 해야 할까?

기업에는 왜 재고가 있어야 할까?

기업은 왜 재고를 보관하고 있을까? 이에 대한 정확한 답은 **고객에게 자사의 상품을 신속·정확하게 전달하기 위해서**라고 할 수 있다. 다만 고객이 언제, 어느 타이밍에 어느 정도의 양을 필요로 하는지 정확하게 예측하기가 굉장히 어렵다. AI나 IoT와 같은 최첨단 기술을 활용한다 해도 말이다. 그래서 기업들은 공장이나 창고에 재고를 두고, 고객의 사정에 맞춰 상품 제조, 보관, 유통과 같은 프로세스를 거쳐 고객에게 상품을 전달한다. 그렇지만 기업은 이 과정에서 큰 문제와 직면하게 된다. 기업이 보관해야 하는 '적정 재고량'은 과연 어느 정도인가 하는 점이다.

매일 필요한 상품의 수는 예측하기가 어려운데 그 이유는 그날의 날씨, 기온 그 외에도 경쟁, 시장 전체의 동향, 그리고 경우에 따라서는 뉴스 보도와 같은 외적 요인에도 지대한 영향을 받기 때문이다. 재고량이 너무 적으면 품절·입고 대기 상태에 빠지고 반대로 재고량이 너무 많으면 상품을 폐기 처분해야 하는 경우도 생긴다. 그렇기 때문에 기업에서는 이와 같은 리스크를 줄이고 자사의 적정 재고량을 정확히 확인하기 위해 재고 관리 시스템을 활용하는 것이다.

기업은 왜 재고 관리에 실패하는가?

몇 년 전 한 의료기기 도매업체에서 재고 관리가 제대로 이루어지지 않은 적이 있었다. 이때 회사의 백오피스 부서에서는 최고 경영층의 지시를 받아 재고량과 재고량에 단가를 곱한 금액의 상황을 한눈에 파악할 수 있도록 주간, 월간, 분기 단위로 보고서를 작성하였다. 그리고 이를 재고 관리 업무와 직접적으로 관련된 부서장들에게 공유했다. 하지만 쌓여 있는 재고량은 늘 과다 상태였고 한편으로 회사의 실적은 계속 성장하고 있었기 때문에, 물류 관리 센터는 늘 빈자리가 없었다. 이에 회사는 신규 물류 관리 센터 설립까지도 염두에 둔 상태였다.

재고 보고서를 작성했다는 사실에서 알 수 있듯 이 회사의 재고 데이터 수집은 적절했다. 하지만 재고 데이터를 활용하는 방법에서 오류가 있었기 때문에 재고량이나 금액 데이터만으로는 현재 재고량이 적당한지 알 수 없었다. 이 회사가 취해야 했던 행동은 **현재 주문량을 파악하고 이를 재고량과 비교하는 일**이었다.

▌재고 관리 업무가 시스템화되기 전에 확보해 두어야 할 포인트

재고 관리 업무와 유통 관리 업무에 익숙하지 않은 사람은 이 이야기를 들어도 이해가 잘 안 될지 모른다. 그래서 이해하기 쉽게 구체적인 사례를 들어 설명해 보려 한다.

만약 상품 A를 1만 개 보유하고 있다고 가정해 보자. 1만 개라는 개수가 누군가에게는 많다고 느낄 수도 있지만 하루에 주문이 들어오는 수량이 10만 개라고 한다면 1만 개는 굉장히 부족한 숫자이다. 고객에게 주문을 받는데도 재고가 부족하다는 이유로 판매 완료·품절 상태가 된다.

그렇다면 하루 주문 수량이 400개라고 가정해 보는 건 어떨까?

재고가 1만 개라면 25일분의 재고를 가지고 있는 셈이다. 유통 기한이나 소비 기한마다 다르겠지만 25일분의 재고가 있다면 갑자기 대량 주문이 들어온다 해도 대응할 수 있을 것이다. 하지만 1일당 주문 수가 5,000개라면 재고가 이틀 분량밖에 없는 셈이 된다. 이럴 경우 급하게 대량 주문이 들어온다면 출고량이 부족하다는 이유로 기회 손실이 생기게 되는 셈이다.

이와 같이 재고량과 단가, 금액을 더하고 **1일당 과거의 주문량을 더하면** 현재와 미래의 재고량이 적절한지 파악할 수 있다.

현재와 미래의 재고량을 파악할 수 있다면 앞으로 상품을 발주할 때 어느 정도의 양을 주문해야 좋을지 결정할 때 도움이 될 것이다. 예를 들어 10일치 재고를 보유하겠다고 결정한 경우, 1일당 주문량이 400개라고 한다면 4,000개 정도의 재고를 가지고 있고, 1일 주문량이 800개라면 8,000개 정도의 재고를 가지고 있으면 된다. 이것이 매일 주문량을 기초로 한 재고 관리이다.

적정 발주량의 계산 방법은 제4장에서 설명하기로 하고, 여기서는 **매일 주문량에 기초하여 며칠 분량의 재고를 가지고 있어야** 재고 관리가 제대로 이루어지는지를 이해해 보자.

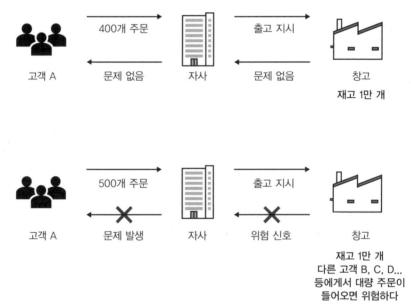

◆1일당 주문량을 토대로 보유해야 할 적정 재고량을 생각해 보자.

재고 관리 시스템이 기능하는 사례

"재고 관리 시스템이 개발됐는데 제대로 작동되질 않네요."라는 말을 자사 고객들에게 들을 때가 있다. 또 어떤 고객은 "이전에 사용했던 아날로그 방식이 훨씬 나았던 것 같아요."라며 상담을 요청하는 경우도 있다. 여기서 알 수 있듯 시스템에 대한 문제들은 실제로 발생하고 있는 문제들이다. 대부분의 고객이 재고 관리와 관련된 데이터 수집은 수월하게 진행하지만 수집 후 데이터를 어떻게 다룰 것인가에 대한 부분에서 문제가 발생하는 것이다.

데이터를 잘 처리한다는 말은 재고 데이터를 단편적으로 보는 것이 아니라 주문 데이터 등을 모두 합쳐 복합적으로 조사·분석한다는 말이다.

어떤 소매업에서 근무하는 고객은 본인의 회사 규모가 작고, 시스템 투자 예산도 한정적이기 때문에 엑셀과 액세스를 사용하여 재고 관련 데이터를 축적·분석하였다. 이 고객은 재고 데이터와 주문 데이터를 잘 갖추고 있었고, 언제 어떤 타이밍에 재고량이 사라지는지 그 날짜를 확실하게 계산한 상태에서 상품을 주문했다고 한다. 그 결과 출하 대처 일수의 편차를 줄일 수 있었고 재고 관리도 적절하게 이루어졌다고 한다.

하지만 단순히 재고 관리 시스템을 도입한다고 해서 업무가 효율적으로 이루어지고 재고 처리도 적절하게 이루어지는 것은 아니다. **자사가 안고 있는 현재 과제를 바르게 인식하고 이를 해결하기 위해 어떤 데이터를 수집하고 그것들을 어떻게 활용해야 하는지 제대로 검토한 상태에서 시스템을 설계하는 것이 중요하다.**

재고 관리 업무의 특징

다양한 업무와 연계되어 있는 시스템의 특성이 최고 경영층과
현장에 요구하는 것은 무엇일까?

▍현대 사회의 재고 관리 업무

대량 생산·대량 소비의 시대에서 재고 관리 업무를 하는 주목적은 상품의 품질을 '유지하는 것', '품절되지 않게 하는 것', '오염시키지 않는 것'과 같이 보전적인 의미가 핵심이었다. 하지만 시대는 변하고 또 바뀌어 지금과 같이 소비의 다양화가 가속되는 상황 속에서 재고 관리 업무에서 필요한 것은 **자사에게 딱 알맞은 재고량을 파악하고 그 재고량에 적합한 관리를 실행하는 일**이다. 현재 재고 관리 업무의 궁극적인 목표는 품절·결품과 같은 기회 손실이 생기지 않으면서 재고량을 0이 되게 하는 것이다.

하지만 글로벌화와 인터넷이 우리 생활 속에 침투한 현대 사회에서는 시장 동향이 눈 깜짝할 사이에 변화하여 지난달에 대박을 친 상품도 이달에는 전혀 팔리지 않는 상황이 발생하기도 한다.

기본적으로 한번 지나간 유행은 금방 다시 유행할 가능성이 희박하다. 그런데 재고는 쌓아 놓기만 해도 창고 임대료와 관리 비용이 들기 때문에 오랜 기간 재고를 가지고 있으면 비용이 계속 올라가 기업에게 마이너스 요인이 될 수밖에 없다.

또한 요즈음 재고 관리는 다른 업무와도 밀접한 관련이 있다. 기업에서 재고 관리 업무만을 시스템화한 사례는 적고 기본적으로 생산 관리 업무와 판매 관리 업무, 회계 관리 업무, 원가 관리 업무와 연동한다. 업계, 취급 제품, 회사의 특성에 따라 다소 차이는 있지만 다음 페이지의 그림과 같이 시스템을 구성하는 경우가 많다고 한다.

더불어 재고 관리 시스템과 밀접한 관련이 있는 관련 시스템(생산 관리 시스템, 판매 관리 시스템, 구매 관리 시스템, 회계 관리 시스템, 원가 관리 시스템)에 대해서는 각 장에서 다시 자세하게 설명하겠다.

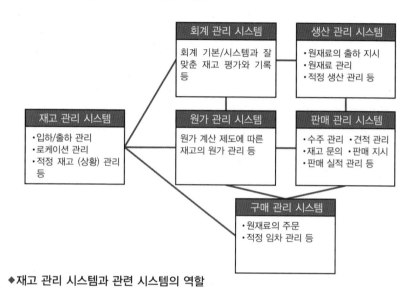

◆재고 관리 시스템과 관련 시스템의 역할

▌최고 경영층과 현장 측의 인식 차이

재고 관리를 할 때 필요 이상의 재고를 쌓아 놓고 있다면 좋을 것은 하나도 없다. 업종별로 약간의 차이는 있겠지만 기업을 경영하는 최고 경영자들은 대부분 재고를 최소화하는 게 목표일 것이다. 하지만 재고 관리 업무를 담당하는 현장 측에서는 같은 인식을 가지고 있지 않은 경우가 많다.

그렇다면 최고 경영층과 현장 사이에는 왜 인식 차이가 생긴 걸까. 사실 재고 관리 업무에 종사하는 현장 직원들은 갑자기 대량 주문이 들어오는 것을 두려워하기 때문이다.

기업마다 문화가 다르기 때문에 일률적으로 말하기는 어렵지만 기업에서 재고 관리 업무를 담당하는 대부분의 직원은 '품절·입고 대기 상태가 되어 상사에게 한 소리를 듣는 것보다 조금 여유를 둔 상태에서 재고를 관리하는 쪽이 편하다.'는 생각을 가지고 있다.

또한 재고 관리와 밀접한 구매 파트나 생산 파트도 마찬가지로 '한꺼번에 대량 발주를 넣은 쪽의 가격이 싸진다. 이전 구입한 가격보다 싼 가격에 구입한다면 사내 평판도 좋아질 것이다.'라고 생각하거나 '매번 부족한 분량을 생산하는 것보다 한꺼번에 만드는 편이 생산 비용을 줄일 수 있고, 그렇게 되면 자기 부문의 성과가 될 것이다.'라는 생각을 가진 사람들이 많을 것이다. 즉 회사 전체를 최적화하려는 것이 아니라 자신이 담당하는 부분만 최적화하는 것이다. 이처럼 각각 관련 부서에 재고 관리를 맡기면 재고량은 조정되지 않고 만성적으로 일정 규모의 재고를 갖게 된다.

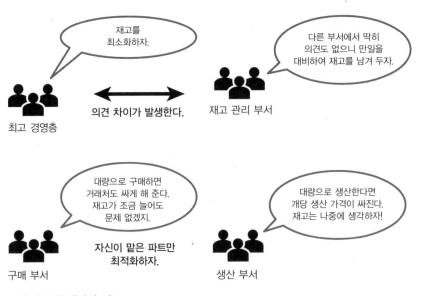

◆ 각 파트별 생각과 사고

관련 부서가 재고의 존재를 제대로 인식한다

구매 및 생산 부서에 주어진 미션은 재고 관리 업무를 통해 적정 재고를 실현하는 일이 아니다. 각각 자사를 위해 조달 비용을 조금이라도 줄여서 구매하는 것, 조금이라도 싸게 생산하는 것이 목표이다. 경기가 좋고 시장이 성장하고 있다면 재고는 자연스럽게 처분되겠지만 디플레이션이 지속되고 있는 일본에서 재고가 자연스럽게 모두 처분되는 상황은 거의 없을 것이다. 그러므로 최고 경영자 측은 간접적으로 얽혀 있는 각 부서의 생각들을 모두 제어해야야만 한다. '재고를 매일 주문 수에 맞추어 관리한다'는 명확한 방침을 세우고 **회사 전체적으로 필요 이상의 재고를 만들지 않는 '슬림한 제어'를 구축**하는 일이 가장 중요하다.

재고가 생기는 근본적인 원인을 특정한다

회사 전체에 재고 관리 방침이 내려졌다고 가정해보자. 그 후에는 구체적으로 어떠한 대책을 세우는 것이 좋을까?

그 다음으로 **재고가 발생하는 근본적인 원인을 추적**해 보는 일이 필요하다. 원래 그날그날 필요한 만큼 상품을 준비할 수 있다면 재고라는 개념은 생기지 않을 것이다. 하지만 현실적으로 자사의 생산 체제, 구매 체제, 재고 관리 시스템, 업무 시스템 제약, 거래처와 고객, 넓은 의미에서는 시장 동향과 같은 외적 요인과 같이 다양한 영향으로 인해 재고가 발생한다. 참고로 외적 요인은 회사 외적인 일을 말하며 이 요인은 쉽게 조정할 수 없으므로 일단 이곳에서는 논의 대상에서 제외하기로 한다.

먼저 사내 체제는 재검토가 가능하다. 예를 들면 상품 A의 1일 예상 판매 개수가 약 3,000~4,000개 정도 된다고 하자. 그리고 생산 체제의 사정으로 인해 1일당 최소 생산 로트 수가 5,000개일 경우, 필요한 상품 개수를 미리 알고 있다 해도 재고는 발생하기 마련이다. 또 1일당 최소 거래 로트 수가 5,000개라고 하면

1,000~2,000개의 재고가 발생하게 된다. 재고 관리 부분에서만 생각해 보면 재고가 없는 상태를 만드는 건 의외로 가능할 것처럼 보이지만, 기업의 사업 활동을 전체적으로 살펴보면 어느 공정에선가 병목 현상이 발생하고 있을 것이고 이들이 재고를 만들어 내는 근본적인 원인일 가능성이 높다.

자사의 최소 생산 로트 수가 15,000개라면 재고는 생길 수밖에 없다. 그리고 생산 로트 수를 3,500개로 변경한다면 개당 생산 비용이 상승할 것이다.

여기서 생산 비용이 상승하는 문제는 어쩔 수가 없다. 중요한 것은 상승한 **생산 비용**과 자사에서 만성적으로 발생하는 **재고 관리 비용**, **처분 비용** 중 어느 쪽이 큰지 비교하는 것이다. 만약 재고 관리 비용과 처분 비용이 크다면 생산 체제를 다시 검토할 필요가 있다. 왜냐하면 생산 부문에서는 문제가 없겠지만 재고로 인해 손해가 발생한다면 회사 전체적으로 보았을 때 마이너스 요인으로 작용하기 때문이

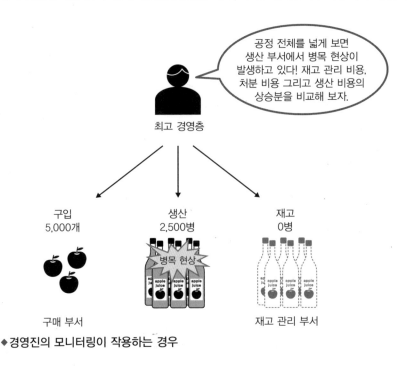

◆경영진의 모니터링이 작용하는 경우

다. 이러한 면에서 보았을 때 체제를 재검토하는 일은 한 부서의 책임자가 하는 이야기만으로 검토하기가 어렵다. 최고 경영층이 각 현장의 상황을 넓게 보고 톱다운(top-down, 기업의 경영 계획·목표·방침 등을 수뇌진이 결정하고, 그 실행을 하부 조직에 지시하는 경영 관리 방식) 형식으로 공정 전체의 시스템을 재검토할 필요가 있다.

시스템이 잘 갖추어진 회사나 애사심이 강한 회사에서는 최고 경영층이 모니터링이나 지시를 내리지 않아도 현장에서 상부로 의견이 자연스럽게 올라간다. 조직이 크면 클수록 현장의 움직임이 잘 보이지 않기 때문에 그러한 체제를 빨리 갖춘 회사는 하나의 장점을 가지고 있다 해도 좋을 것이다.

회사 제도화에 대해 이야기하면 조직론적 글이 되므로 여기서는 자세히 다루지 않겠다. 하지만 재고 과다와 같이 기업이 가진 과제와 직면했을 때는 재고와 관련된 모든 부분에서 결정권을 가진 사람(부장 혹은 과장)들이 모여 일시적으로 태스크포스를 만들어, **조직 전체에서 문제를 해결할 기회를 만드는 것**이 중요하다.

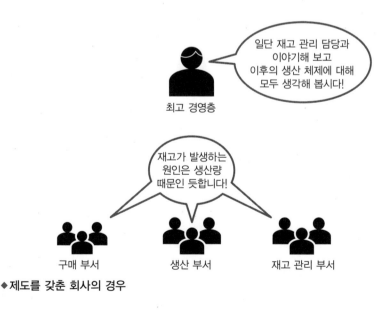

일단 재고 관리 담당과 이야기해 보고 이후의 생산 체제에 대해 모두 생각해 봅시다!

최고 경영층

재고가 발생하는 원인은 생산량 때문인 듯합니다!

구매 부서   생산 부서   재고 관리 부서

◆제도를 갖춘 회사의 경우

근본적인 원인을 특정한 이후에도 문제는 재발한다

재고 문제에 대해 방침을 세우고 근본적인 원인을 특정한 다음, 이 원인을 배제한 이후에도 재고 문제는 재발할 가능성이 높다. 시장 동향이 변화하면서 주문량은 늘 변동되기 때문에 이에 맞춰 기업에서도 늘 대책을 세워야 한다. 또한 현장의 직원들이 자발적으로 문제 해결을 위해 나서게 하기 위해서도 최고 경영층은 인사 평가와 같은 부분에 힘을 쏟아야 한다.

통상적으로 제조업의 생산 부서는 생산 비용을 얼마나 내릴 수 있는가에 따라 평가가 이루어진다. 이는 매우 이치에 맞는 사고이지만 비용 절감 부분만 평가하게 되면 일부분만 최적화된다. 모 제조업에서는 생산 비용을 얼마나 낮췄는지와 더불어 상품 출하율, 판매율, 그리고 판매율에서 역으로 계산한 재고율 등의 지표를 이용하여 생산 부서를 평가하였다. 이 또한 일종의 제도화이지만 각 부서가 부분 최적화되지 않도록 다양한 관점에서 부서 평가를 실시하는 것이 더 좋은 방법으로 보인다. 판매율과 재고율로 평가한 경우 생산 부서에서는 '너무 많이 만들지 말자'는 의견이 나오므로 결과적으로 재고 과잉 문제를 해소시키는 하나의 계기가 될 것이다.

이번 페이지에서는 생산 부분에 근본적인 원인이 있다는 전제하에 이야기하였지만 구매나 판매 부분과 같은 다른 부분에도 근본적인 원인이 숨어 있을 가능성도 있다. 중요한 것은 최고 경영진이 현장 업무에 확실하게 관여하여 때에 맞춰 현장과 협력하면서 근본적인 문제를 해결해 나가는 것이다.

1-3 재고 관리 시스템의 기본

재고 관리 시스템에 요구하는 일과 재고 불일치를 미연에
방지하기 위한 시스템 구성을 찾아보자

재고 관리 시스템에 필요한 요소

앞의 1-1에서 재고 데이터는 단편적으로 보지 말고 주문 데이터나 그 외의 다른 데이터와 함께 복합적으로 보는 것이 중요하다고 말했다. 또한 재고 관리 시스템 하나만 보았을 때는 재고 데이터를 시계열로 나누고 목적에 따라 관리·운용하는 것이 중요하다고도 설명했다. 시계열은 일반적인 재고 관리 시스템에서 현재, 미래, 과거 이 세 가지로 나눌 수 있다.

여기서 현재는 현재 시점의 재고 정보를 적확하게 파악하는 것을 의미한다. 또한 미래는 현재 시점에서 보았을 때 앞으로 어느 정도의 재고가 필요할지 추측하는 것을 의미한다. 마지막으로 과거는 과거의 재고 정보를 관리·분석하여 현재와 미래에 활용하는 것을 말한다. 그렇다면 각각의 시계열에서 다루고 있는 재고 정보를 자세히 살펴보기로 하자.

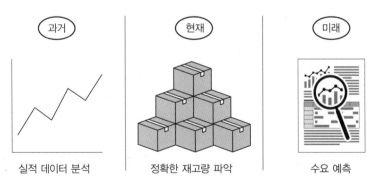

과거	현재	미래
실적 데이터 분석	정확한 재고량 파악	수요 예측

◆재고 데이터를 시계열에 따라 나눌 때 생각할 점

먼저 현재 시점부터 살펴보자. 일반적으로 취급하는 상품 수가 많은 회사일수록 시스템(혹은 장부)상의 재고와 실제 재고가 맞지 않는 경우가 있다. 이렇게 재고가 불일치하는 원인은, 구입할 때 잘못 기입하거나 도난 등 다양한 관리 문제가 있으며, 실무적으로 정확하게 재고를 파악하는 일이 상당히 어렵기 때문이기도 하다. 또한 현재 시점의 재고 정보가 틀리면 과거의 정보와 미래의 정보에 부정합이 발생하거나 앞으로 발생할 가능성이 높다.

이어서 미래이다. 'OO월 OO일 재고량은 1만 개'라는 식으로 미래의 재고량이 어느 정도 딱 맞아 떨어진다면 어떨까? 물론 현재 재고량이 적절하다는 전제하에 앞으로의 구입, 생산 활동에 큰 영향을 미칠 것은 틀림없다. 또한 고객에게 제품 납기일을 전달하는 관점에서도 미래 예상 수치는 상당히 가치 있는 정보이다. 고객 만족도 유지 혹은 향상을 목표로 하는 경우 재고 관리 시스템에서 취급하는 미래의 정보는 반드시 필요한 정보이다.

마지막으로 과거의 재고 정보이다. 과거의 재고 정보는 주로 경영 분석·경영 관리를 위해 사용된다. 그렇기 때문에 상품 판매 회사는 과거의 실적 데이터를 바탕으로 이후의 회사 전체의 기업 전략을 재검토한다. 과거의 재고 정보에 오류가 있다면 현재와 미래의 경영 판단에도 오류가 생겼을 가능성이 있다. 자사의 경영 판단이 어떻게 이루어지고 있는지, 어떤 목표를 중시하고 있는지 생각하면서 과거의 재고 정보가 가지고 있어야 할 것들을 구별해 보자.

▮ 재고가 일치하지 않는 구체적인 원인

종종 손님들에게 '재고 관리 시스템상의 재고 정보와 실제 재고가 다른 것 같은데 어떻게 하면 좋을지 모르겠다.'는 이야기를 듣는다. 재고 관리 시스템 없이 장부로 재고 관리 업무를 하는 소규모 상점에서도 매년 상당한 차이가 발생하는데 상품의 종류나 개수가 방대한 대규모 회사라면 더욱 차이가 발생할 것이다.

◆ 재고량이 일치하지 않는 경우

현재 시점의 재고 정보는 과거 정보에서 그날 입고량과 출고량을 가감한 수치를 말한다. 이 말만 들으면 굉장히 간단하다고 느낄 수 있지만 '원래 도착해야 할 일부 입고량이 급한 사정으로 인해 도착하지 못했다.', '출고 예정이었던 물품이 교통사정으로 인해 일부는 그 다음 날 출고하고 나머지는 다음 날 출고하게 되었다.' 등 불규칙적인 사태가 실무상에서 종종 발생한다.

또한 과거의 재고 정보가 잘못되었을 경우 아무리 현재 시점의 재고 정보, 즉 입고분과 출고분을 확인한다 해도 그 원인을 찾을 수 없을 것이다. 또한 사람의 실수로 시스템상에 투입 데이터가 잘못되었다면 실제 재고 정보를 확인하는 일은 의미가 없다. 시계열에서 볼 때 **어느 시점의 오류인지, 시스템과 실무진 중 어느 쪽이 잘못하였는지**도 나누어 생각하여야 한다.

상품 개수를 대량 취급하는 경우 실제로 재고 조사를 하다가 개수를 잘못 세는 경우도 적지 않다. 요즈음은 재고 관리 업무를 하며 전용 바코드 기기, 스마트폰 단말기를 이용하여 재고 관리 업무를 수행하는 경우가 대부분이지만 간혹 수동으로 입력하는 경우도 있으니 가끔 사람으로 인한 실수가 발생하는 것이다.

또한 '상자 안에 1,000개가 들어가 있어야 하는데 알고 보니 999개밖에 없다.', '해외에서 새로 구입한 상품의 바코드가 국내 기기로 판독되지 않아 일시적으로 수동으로 관리하게 되었다.'는 일이 현장에서 빈번하게 일어날 수 있다. 불규칙적인 사태가 발생할 경우 냉정하게 대처할 수 있다면 좋겠지만 일반적으로 그러한 경우 실수를 하게 마련이다.

이런 문제를 방지하게 위해 **불규칙한 사태를 미리 예상하고 가능한 재고 관리 시스템 설계에 반영시키는 일, 빈번하게 문제가 발생할 때는 중요도와 긴급한 정도에 따라 재고 관리 시스템을 수정**할 필요가 있다.

▌재고 관리를 포함한 기본적인 시스템 구성과 역할

재고가 일치하지 않는 상황을 미연에 방지하려면 재고 관리 시스템뿐 아니라 **관련 시스템과 적절하게 연계하는 작업이 반드시 필요**하다. 예를 들면 생산 관리 공정에서 어떤 문제가 발생하면 생산 과잉 혹은 부족 사태가 발생하여 결과적으로 과잉 재고 또는 결품 현상으로 발전한다. 그리고 판매 관리 시스템상에서 수주 절차나 처리를 잘못하면 거래처에 보내야 할 물량에도 영향을 미치기 때문에, 재고를 다시 만들어야 하는 계기가 된다. 이는 각 시스템이 독립적으로 움직이는 것처럼 보이지만 실제로는 유기적으로 연결되어 밀접하게 연계하고 있다.

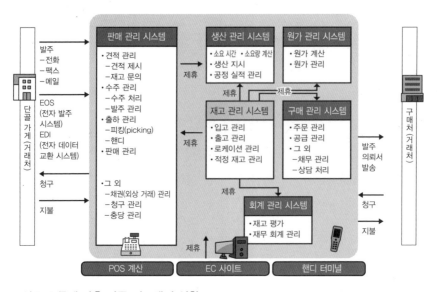

◆업무 흐름에 맞춘 각종 시스템의 역할

이 이야기를 알기 쉽게 그림으로 그리면 앞 페이지와 같다. 앞의 그림은 거래처의 주문부터 시작한다. 오랜 기간 동안 알고 지내던 회사와 거래를 할 때 지금도 종종 전화나 팩스로 주문을 받는 경우가 많다. 지금은 기업끼리 계약 체결을 끝낸 뒤 EOS(Electronic Ordering System)라고 부르는 전자 발주 시스템과 EDI(Electronic Data Interchange)라고 하는 기업끼리 전자 데이터 교환을 통해 수·발주 거래를 간편하게 하는 회사도 늘고 있다.

판매 관리 시스템상에서 주문이 들어오면 생산 관리 시스템을 통해 어느 정도 시간 동안 어느 정도의 양을 생산할 수 있는지 계산한다. 동시에 대량 생산 지시가 이루어지며 원재료를 사용한 생산 활동도 시동을 걸게 된다. 또한 생산 활동이 절삭 공정, 조립 부분과 같이 여러 공정으로 나뉠 경우 각 공정별로 진척 상황을 계획, 실적 수치로 나누어 관리하며 여기서 큰 차이가 발생하면 생산 관리 시스템이 경고를 보낸다. 생산 지시가 내려지면 그와 동시에 원가 관리 시스템상에서 제조·생산 관련 원가 계산을 하고 그 후에 각종 원가의 타당성 검토와 그 다음 계획을 세울 때의 원가 관리도 실시한다.

외부에서 원재료를 조달할 필요도 생기기 때문에 구매 관리 시스템에서는 구매처, 공급처에 발주 의뢰서를 보낸다. 이는 기업별로 절차는 다르지만 시스템 전산화에 소극적인 회사의 경우 종이로 발주 의뢰를 한다. 구매·공급 처리가 끝난 뒤에는 이들을 적절하게 관리할 필요가 있다. 구체적으로는 주문한 날짜에 주문한 물건을 요청한 장소로 전달할 수 있는지를 말하며, 대형 기업의 경우 구입처가 글로벌 기업으로 성장하는 경우도 생긴다. 이럴 경우 채권·채무를 상쇄함으로써 지불에 관한 사무적 부담을 줄이도록 하고 있다.

생산 활동이 끝나면 재고 관리 시스템상에서 입고 관리가 이루어진다. 또한 재고 관리 시스템은 판매 관리 시스템과 연계하여 수주량이 거래처에 운반될 수 있게 하고, 출고 수속 및 관리를 실시한다. 또한 출고된 물건이 다른 창고나 거점으로 운반되는 경우, 재고 보관 장소를 특정하는 로케이션 관리를 실시한다. 어느 장소에서 어느 정도의 재고를 보유하고 있는지, 그리고 그 재고가 어떤 상태로 보관되고 있는지를 시스템화하여 관리하는 것이다. 또한 매일 입출고 정보와 로케이션 정보, 그 외의 시스템에서 출력된 판매 정보와 생산 정보를 합쳐 적정 재고를 관리하는 기능도 한다.

이는 회계 관리 시스템에서 기록, 관리되는데 최종 매출과 업무상에서 소요된 비용을 산출하여 재무제표의 결산 수치로 계상한다. 기업은 회계 원칙과 그 외의 다양한 규칙에 따라 매 분기 결산 서류를 작성해야 한다. 이 서류를 작성할 때는 재고를 재고 자산(inventories)으로 적정 가치를 평가할 필요가 있다. 그리고 가치가 하락한 경우 평가 손익을 계상해야 한다. 평가 수속이 끝난 후에는 정해진 날짜까지 결산 서류를 정리하여 세무서에 제출한다. 경리 부서나 재무 부서가 일을 잘하는 회사에서는 각종 계정 과목의 실적을 이용하여 전 분기 대비 분석, 현금 흐름 계산, 다음 분기 재무 계획안과 같은 재무 회계 관리 업무도 실시한다.

1-4 AI로 인해 진화하는 재고 관리 시스템

적절한 기술을 선정하여 재고 관리의 모든 장점을 뽑아내는 AI

▎나날이 진화하는 AI

시스템 엔지니어로 일하는 사람들 중에는 AI에 대해 관심이 있는 사람들도 많을 것이다. AI는 Artificial Intelligence의 약자이며 인공지능이라고 번역한다. AI의 정의는 AI 연구원, 전문가별로 다소 의견이 다른 부분이 있지만 이 책에서는 '인공적으로 만들어진 지능을 탑재한 실체. 혹은 이를 가지고 만들고자 하는 지능 전체를 연구하는 분야'라고 생각하면 된다.

'인공적으로 만들어졌다.'는 것은 시스템 엔지니어나 연구원들에 의해 생성된 프로그램 코드를 가리키는 경우가 많다. 그리고 '지능'에 대해 설명하자면 A 씨와 B 씨 그리고 C 씨가 있다고 가정했을 때 세 명이 사과와 귤, 바나나 중 각각 하나씩 선택한다고 해보자. A 씨와 B 씨 두 명이 사과를 선택한 경우 사과가 가장 인기 많은 과일이 된다.

그 후 각각 선택하는 방법에 대해 학습한 후 사과가 가장 인기 있는 과일로 인식한다면 이는 지능이라고 말할 수 있을 것이다.

AI는 대량의 데이터를 학습하여 독자적으로 규칙성을 만들어내고 패턴화한다. 여기서 패턴화의 정밀도가 높아지면 데이터에 근거한 정밀 수요 예측도 가능하다.

AI의 진화는 재고 관리 시스템의 발전에도 큰 영향을 주었다. 예를 들어 모 대기업 석유 회사에서 일본 내 약 30곳의 주유소에서 AI를 탑재한 출하 예측 시스템으로 재고 정보를 시각화하여 주유소 재고의 적정화 및 업무 효율화를 이루어 냈다. 또한 어느 대규모 소매 기업에서는 편의점이나 슈퍼마켓에서 소비자의 수요를 정

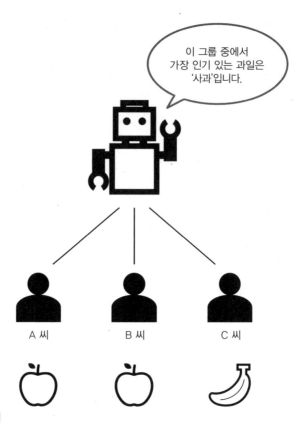

◆지능의 의미

밀하게 예측하기 위해 인공지능을 활용하여 발주 업무를 효율화하고 재고 관리의 정밀도를 향상시키기 위해 노력하고 있다.

그리고 공사 작업복을 취급하는 어느 기업에서는 AI를 탑재한 자동 발주 관리 시스템으로 과거 수년간의 판매 실적 정보를 활용하여 발주량을 자동 계산하고 있다. 현재는 계절과 같은 원인을 좀 더 섬세하게 분석, 평가하여 결품, 재고 과다 방지를 위해 힘쓰고 있다.

이처럼 소매업, 유통업, 의류업을 중심으로 AI를 활용한 재고 관리 업무를 효율화하는 작업은 나날이 발전하고 있다고 봐도 좋을 것이다.

▌AI를 활용한 재고 관리의 장점과 단점

앞에서는 AI를 도입한 기업의 실제 사례에 대해 다루었는데 그렇다면 재고 관리와 관련된 AI의 장점은 무엇이 있을까? 다음과 같은 점들을 장점으로 들 수 있겠다.

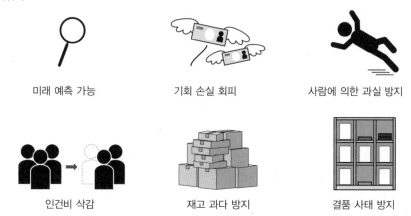

<table>
<tr><td>미래 예측 가능</td><td>기회 손실 회피</td><td>사람에 의한 과실 방지</td></tr>
<tr><td>인건비 삭감</td><td>재고 과다 방지</td><td>결품 사태 방지</td></tr>
</table>

◆AI를 활용한 재고 관리의 장점

- 도입 전과 비교했을 때 정밀한 미래 예측이 가능하다.
- 정밀한 미래 예측 수치를 활용하여 기회 손실을 회피할 수 있다.
- AI를 이용하여 기계적으로 처리함으로써 사람에 의한 과실을 방지할 수 있다.
- 기계적·자동 처리로 인해 인건비를 줄일 수 있어 기업 운영에 공헌할 수 있다.
- 재고 과다 사태를 미연에 방지할 수 있다.
- 결품 사태를 방지하고 매출 극대화로 기업 운영에 공헌할 수 있다.

AI를 활용함으로써 정체된 재고량 파악, 정밀한 수요 예측, 자동 발주와 같은 고도의 작업을 만들 수 있게 되었다. 다만 새롭게 등장한 기술이기 때문에 기업에 따라서는 잘 활용하지 못하는 경우도 있다. 그 원인은 AI의 '기술 특정'의 오류라는 점을 들 수 있다. 도입을 검토하는 과정에서 미래의 AI 활용이 주목적이 되고 말아 자사의 실정에 알맞은 기술 선정이 이루어지지 못함으로써, AI를 업무 활용을 위한 하나의 수단으로 활용하지 못하는 경우가 실제로 일어나고 있기 때문이다.

기술 특정의 오류를 방지하기 위해서는 역시 AI 추진실과 같은 전문 부서, 담당자를 배치하고 조직적인 정보 수집이나 정보 탐색을 할 필요가 있다. 새로운 부서, 담당자를 배치할 여력이 없다면 AI 컨설팅 회사와 같은 곳에 일시적으로 업무를 위탁하는 방법도 한 가지 방법으로 들 수 있다.

다만 아무것도 생각하지 않고 마구 의뢰해서는 안 된다. AI 컨설팅 회사의 실적이나 거래처, 조직 체계를 확인하고 AI에 대한 식견이나 노하우가 풍부한지 또 우리 회사가 속한 업계에 대한 경험은 풍부한지, 여러 가지를 제대로 조사한 뒤 위탁하도록 하자.

그리고 AI를 사용하는 것이 꼭 장점만 있는 것은 아니라는 점을 기억해야 한다. 동전에도 양면이 있듯 AI를 이용하는 것도 다음과 같이 단점이 존재한다. 아래의 단점을 제대로 이해하고 본인의 회사 재고를 관리하는 업무와 잘 맞는지 확인하도록 하자.

- 도입, 이용하기 위해서는 초기 비용, 유지 관리비(running costs)가 많이 든다.
- 지속적인 모니터링이 필요하기 때문에 이를 위한 체제 구축이 필요하다.
- AI 알고리즘을 100% 이해하는 일이 어려워서 리스크 발생 시 근본적인 원인을 특정할 수 없을 가능성이 있다.
- 알고리즘을 이해하기 어렵기 때문에 일부 재고 관리 업무·공정이 블랙박스화되어 책임 소재가 불분명해질 가능성이 있다.
- 업무 자동화에 오류가 발생하면 정보 누설, 오발주 등의 리스크가 발생할 가능성이 있다.

제 **2** 장

재고 관련
기본 지식

2-1 재고가 발생하는 이유

이 책을 통해 재고의 정의를 이해하자

▌재고의 정의

재고 관리에 대해 본격적으로 이야기하기 전에 우선 재고의 정의에 대해 이야기해 보자. 재고의 의미와 필요성에 관한 명확한 정의를 습득한 후 제2장 이후의 이야기도 이해가 잘 될 것이다.

일상생활 속에서 '재고'라는 말의 의미를 깊게 생각하는 일은 없을 것이라 생각한다. 여기서 등장하는 '**상품**'이나 '**원재료**', '**제작 중인 물건**'은 과연 무엇을 위해 존재하는 것일까.

사업 활동에서 말하는 '상품'은 누군가에게 판매하기 위해 제조, 생산한다는 데에 존재 의의가 있고, 판매하기 전 '원재료' 및 '제작 중인 물건'은 이를 보유하는 기업에 가치 있는 것(자산)으로 존재한다. 그리고 마지막으로는 완성형인 상품으로 판매하게 된다.

좀 더 평범한 말로 '상품', '원재료', '제작 중인 물건'과 같은 재고를 정의하면 '앞으로 제3자에게 판매할 목적으로 회사가 창고에 쌓아 놓고 있는 물건'이 된다. 특히 제일 처음의 '앞으로'라는 말에 유의해야 한다.

이후로는 이 말의 정의에 따라 상세하게 확인해 보자.

상세 정의 ①: 앞으로 누군가에게 팔 물건

재고란 '앞으로 제3자에게 판매'하는 것이라 말했다. 다시 말하지만 '상품'은 물론 공급처에서 구매한 '원재료'와 '제작 중인 물건'도 대상이다. 왜냐하면 이 모든 물건들이 **앞으로 누군가에게 팔릴 것이므로 가치 있는 상품이 되기 때문**이다. 재고 관리 시스템과 관련 시스템에서는 완성품인 '상품'만이 아니라 '원재료'와 '제작 중인 물건' 모두를 재고로 취급하여 이들의 수와 양, 금액을 정확히 파악하게 된다.

반대로 자사에서 보유하고 있다고 해도 판매 목적으로 보유한 것이 아닌 상품은 재고로 취급하지 않는다. 예를 들면 사무실에서 사용하기 위해 구입한 복사용지나 필기구 같은 소모품 종류는 재고로 보지 않는다. 또한 개발·영업 활동을 하기 위해 사용되는 컴퓨터 단말기 등도 마찬가지다. 판매 목적이 아닌 물건들은 비품으로 취급하여 재고로 계상하지 않는다.

상세 정의 ②: 회사가 창고 보관 대상으로 취급하는 것

다음으로 '회사가 창고에서 보관하는 것'에 대해 이야기해 보겠다. 이 부분은 적혀 있는 그대로 말을 받아들여 주기 바란다. 기본적으로 자사가 소유한 물건은 사무실이나 창고·관리소에 보관된다. 다만 꼭 자사 창고에 보관해야 하는 것이 아니라 위탁 창고 회사나 관리 센터에 보관하는 경우도 있다. 또한 상황에 따라 운송 회사가 소유한 트럭 적재함에 쌓여 있는 경우도 있다.

여기서 주의해야 할 점은 이런 상태의 물건들도 재고 관리 대상이 될 수 있다는 점이다. 회사에서 적용한 회계 기준이나 사내 규칙에 따라 조금 다를 수도 있지만 기본적으로는 **자사가 공급처에서 구입하고 검품 처리까지 마친 물건은 재고가 되기 때문**이다. 그러므로 검품 처리까지 마쳤다면 그 시점부터는 재고로 관리할 필요가 있다(재고 관리에 대해서는 제3장 참조).

상세 정의 ③: 실제하는 '물건'

마지막으로 '물건'에 대해 생각해 보자. 이야기가 조금 빗나가 버렸지만 영리를 목적으로 하는 사기업에서는 물건을 판매하고, 서비스를 제공하는 활동을 통해 이

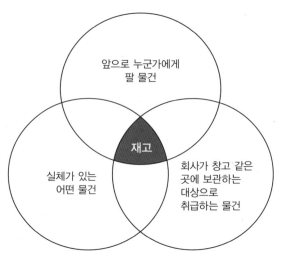

◆ '재고'의 명확한 정의

익을 창출한다. 여기서 물건 판매란 에어컨이나 냉장고 같은 가전제품 말고도 소
파나 테이블과 같은 물건들도 가리킨다. 또한 서비스 제공은 세무사 사무소와 고
문 계약을 할 때 매월 의뢰하는 장부 작업이나 확정 신고, 서류 작성 서비스를 말
한다. 이들은 기본적으로 작업을 실행하는 것 자체에 서비스료를 지불하는 형식인
경우가 많다. 이 책에서 말하는 대상은 물건 판매이다. 후자인 서비스 제공은 대부
분 재고라는 개념이 없기 때문에 여기서는 제외하기로 한다.

이상 3가지 관점에서 바라본 재고에 대해 정의해 보았다. '앞으로 누군가에게
팔 물건', '회사가 창고 같은 곳에 보관하는 대상', '실체가 있는 어떤 물건'으로 이
모든 조건을 갖춘 것을 이 책에서는 '재고'라 하기로 한다.

▌다양한 재고의 의미와 서플라이 체인

앞 페이지에서 어떠한 물건을 재고라 부르는지에 대한 일반론적 설명을 살펴보았다. 하지만 실제 실무상에서는 업종에 따라 다르게 받아들이는 경우가 있다. 그래서 다음 페이지에서 업종별로 다른 재고의 의미에 대해 자세히 살펴보려 한다. 재고의 이미지를 구체적으로 그려 보면 현재 자사의 완성형 재고 관리 시스템의 이미지와 짜임새를 자세히 이해할 수 있기 때문이다.

앞 페이지의 설명 중에서 재고는 실체가 있고 앞으로 누군가에게 팔 물건이라고 말했다. 물건을 파는 행위에는 '상품을 제조·생산하기 위해 원재료를 조달하고 여기에 부가 가치를 더한 다음 이 물건을 원하는 사람에게 판매'하는 일련의 흐름이 있다. 일반적으로 이러한 흐름을 **서플라이 체인**(supply chain)이라고 부른다. 이 서플라이 체인은 제조업, 도매업, 소매업, 운송업 그리고 물건과 돈이 연관된 회계와도 깊이 관련이 있다. 다음 장에서는 서플라이 체인 관점에서 바라본 재고의 의미에 대해 살펴보도록 하겠다.

재고와 관련된 기초 지식(1)
-제조업에서 말하는 재고의 의미
재고는 어떻게 분류하고 서플라이 체인과 얼마나 관계 깊은가?

▎각각의 재고에 담긴 구체적인 의미

재고의 분류를 제대로 이해하는 일은 굉장히 중요하다. 이를 혼동하게 되면 부적절한 재고 관리 시스템과 부적합한 장소를 선택하여 재고를 관리하게 된다. 이번 페이지에서는 재고의 의미에 대해 각각 확인해 보겠다.

원재료(부품을 포함)

공급처에 발주하여 받는 물건을 말한다. 이 원재료에 부가 가치를 더하여 최종적으로 상품이 완성된다. 여기서 말하는 부가 가치란 제조·생산 공정이 이루어지는 가공·조립·절삭 행위를 통해 상품으로서 가치가 높아진다는 것을 가리킨다.

제작 중인 물건(반제품)

반제품이란 **원재료와 완성된 제품의 중간 상태인 물건**을 가리킨다. 제작 중인 물건은 기업에 따라 제작 중인 물건과 반제품으로 분류하고 관리한다. 제작 중인 물건은 물건을 단독으로 판매할 수 없는 상태의 미완성품을 가리키고, 반제품은 이미 가공, 조립, 절삭 등의 공정을 거쳤기 때문에 판매할 수는 있으나 최종 제품(상품)이라고 하기 어려운 경우를 가리킨다

기업별로 제작 중인 물건과 반제품을 구별하는 방법이 다르다. 예를 들면 탄산음료를 제조 생산하는 어느 공장에서 페트병에 채워진 탄산음료에 라벨을 붙이지 않은 물건을 반제품으로 취급한다. 라벨이 붙어 있지 않아 상품으로 취급할 수는 없지만 판매는 가능하므로 반제품이라고 하는 것이다.

상품

상품이란 **제조·생산 활동이 모두 끝나 소비자에게 판매할 수 있는 상태가 된 물건**을 가리킨다. 원재료, 제작 중인 물건은 공장 안에 보관하지만 상품은 실제 점포나 전자상거래(EC) 사이트에 진열하고 소비자가 주문하면 발송하는 물건을 가리킨다.

▌제조업에서의 재고

제조업에서 말하는 재고는 **부가 가치를 제공하는 과정이 존재하는 물건**이다. 원재료로 구입한 물건이 제조 생산 공정을 거치며 부가 가치를 가지고 최종적으로 소비자에게 판매하는 상품이 된다. 자세한 건 뒤에서 설명하겠지만 제조업의 재고는 크게 원재료(자동차 업계에서는 부품도 포함하지만 여기서는 '원재료'라는 말로 정리한다.), 제작 중인 물건, 반제품, 상품이 명확하게 분류되며 각각 밀접하게 연관되어 있다.

예를 들면 판매 부서에서 '상품의 재고가 부족하다'는 보고를 받으면 그 전 공정인 제작 중인 물품, 반제품의 재고 상황, 생산 상황을 확인하여 제조·생산 부분에 물건이 완성되도록 재촉할 필요가 있다. 왜냐하면 재고가 부족하거나 결품 상태가 발생하면 그 회사는 기회 손실이 발생하기 때문이다. 한편 제작 중인 물건의 재고가 부족하면 생산에 필요한 원재료가 부족할 수도 있으므로 이럴 경우 구매 부서에 원재료의 재고 상황, 매입 상황을 확인할 필요가 있다.

원재료, 제조 중인 물건, 상품은 부서별로 취급하는 것이 다르지만 일련의 공급망 안에서 밀접하게 연결되어 있다는 사실을 이해할 필요가 있다. 다음 페이지에서는 제조업에서 말하는 원재료, 제작 중인 물건, 반제품, 상품의 의미를 정리해 보겠다. 또한 이번 페이지에서 반제품에 대해 이야기하고 있긴 하지만 사실 실무상에서 반제품이 사용되는 경우는 많지 않으므로 다음 페이지에서는 원재료, 제작 중인 물건, 상품에 대해 설명하겠다.

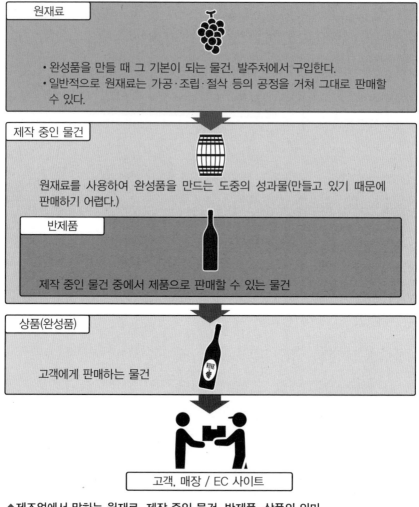

원재료

- 완성품을 만들 때 그 기본이 되는 물건. 발주처에서 구입한다.
- 일반적으로 원재료는 가공·조립·절삭 등의 공정을 거쳐 그대로 판매할 수 있다.

제작 중인 물건

원재료를 사용하여 완성품을 만드는 도중의 성과물(만들고 있기 때문에 판매하기 어렵다.)

반제품

제작 중인 물건 중에서 제품으로 판매할 수 있는 물건

상품(완성품)

고객에게 판매하는 물건

고객, 매장 / EC 사이트

◆제조업에서 말하는 원재료, 제작 중인 물건, 반제품, 상품의 의미

▌소매업, 도매업에서 말하는 재고

제조업 외에도 재고를 가지고 있는 업계 업종은 존재한다. 다만 재고를 취급하는 방법이 다르다. 소매업, 도매업에서는 제조업과 다르게 **완성품(상품)만을 재고로 취급**한다.

　재고의 대상이 다른 이유는 소매업, 도매업의 경우 제조·생산을 주목적으로 활동하고 있지 않기 때문이다. 소매업은 다른 회사에서 구입한 상품(완성품)을 최종 소비자에게 판매하는 것이 목적이고 도매업은 제조업에서 상품을 구입한 후 소매업에 중개하는 것을 목적으로 하고 있다

　제조업과 비교했을 때 서플라이 체인이 매우 심플하지만 다른 한편으로 관리 대상 품목이 많아진다. 또한 주문과 주문 취소로 인한 재고 증감도 극심하기 때문에 제조업보다 '관리'의 의미가 복잡해질 가능성이 높다. 또한 **소매업과 도매업에서는 상품만을 재고로 취급하고 있지만 그 품목이 많다는 사실**을 제대로 이해해야 한다.

┃그 외 다른 업계에서 말하는 재고의 의미

　지금까지 제조업, 소매업, 도매업에서 말하는 재고의 의미에 대해 이야기해 보았다. 여기서 말한 업계 외에도 재고를 가지고 있는 업계가 있긴 하지만 제조업이나 소매업, 도매업과 비슷한 점이 많고, 재고 관리 관점에서 봤을 때 그다지 중요성이 높지 않다.

　몇 가지 예를 들면 토목·건설업에서는 공사 현장을 공장이라고 하고 인도(판매) 전의 건설물을 제작 중인 물건으로 생각하기 때문에 제조업과 크게 다르지 않다. 요식업도 마찬가지다. 식재료를 원재료, 요리한 것을 상품으로 생각한다면 작은 제조업으로 비유할 수 있다.

　패션 브랜드를 취급하는 의류업은 계절이나 트렌드의 영향을 많이 받지만 재고 관리의 관점에서 보면 소매업과 크게 다르지 않다. 그러므로 제조업, 소매업, 도매업에서 재고의 의미를 제대로 이해하면 다른 업계나 업종의 재고 관리도 원활하게 처리할 수 있다.

재고와 관련된 기초 지식(2)
-회계 관리를 할 때의 재고 취급
재고를 매상과 매상 원가를 포함하지 않고 자산으로 분류하는 이유

▌회계 관리에서 말하는 재고의 의미

재고 관리에서 회계와 재고는 끊으려야 끊을 수 없는 관계인데 의외로 그 사실을 모르는 사람들이 많다. 사실 적정 재고를 유지시키고자 할 때 회계 관리 시스템에서 재고에 대한 회계를 정확하게 처리하지 않으면 큰 문제가 발생하기 마련이다. 그러므로 정확한 처리를 위해 재고와 회계에 대한 각각의 관계성을 제대로 이해하여야 한다.

앞서 말했듯 재고는 '앞으로 누군가에게 팔기 위해서 회사가 창고와 같은 곳에 보관하는 물건'을 의미한다. 회계 관리에서 앞으로 회사에 이익이 될 재고는 재고 자산이라고 한다. 이 **재고 자산**은 부르는 명칭만 다를 뿐 재고와 거의 같은 의미로 사용하기 때문에 깊게 생각할 필요는 없다.

▌회계상의 매상 그리고 매출 원가와 재고의 관계

일반적으로 영리를 목적으로 하는 주식회사는 매상과 이익을 올리기 위한 사업 활동을 한다. 또한 매년 벌어들인 매상, 이익을 **결산서**라 부르는 회계 서류로 정리하여 국가에 보고할 의무가 있다. 매상만을 계산하여 보고한다면 간단할 것이다. 하지만 이익을 더하면 어떨까? 1년간의 이익을 산출하기 위해서는 그 기간 동안에 발생한 **매출 원가**를 구해야 한다.

매출 원가는 업계·업종에 따라 조금 다르겠지만 제조업이라 가정해 봤을 때 상품을 제조·생산하는 데 원재료 비용, 가공비, 인건비, 공장 임대료 등이 포함된다.

이들은 하나하나 적산하여 집계할 필요가 있다.

하지만 집계하는 것만으로는 작업이 끝나지 않는다. 회계 관리를 할 때 팔고 남은 재고의 원가는 매출 원가에 포함하지 않기 때문이다. 1년을 365일로 봤을 때 365일의 다음 날 창고와 관리 센터에 남은 상품은 매상으로 계상하지 않기 때문에 매상, 매상 원가에서 삭제할 필요성이 있다. 팔고 남은 상품은 매상으로 계상하지 않기 때문에 매출 원가에서 제외시킬 필요가 있다. 팔고 남은 재고는 매출이나 매출 원가에도 계상되지 못한 채 **기말 재고 자산**으로 취급하게 된다. 이는 회계와 관련된 이야기이므로 매출, 매출 원가, 그리고 재고의 관리와의 관계를 제8장에서 자세히 설명해 보겠다.

▌대차 대조표에서의 재고

이번에는 다른 관점에서 재고를 생각해 보기로 하자. 앞서 말한 결산서를 구성하는 한 가지 조건으로 **대차 대조표**가 있다. 대차 대조표에 대해서는 8-1에서 자세히 설명하겠지만 쉽게 이야기하자면 그 회사의 재정 상태를 밝히기 위해 작성하는

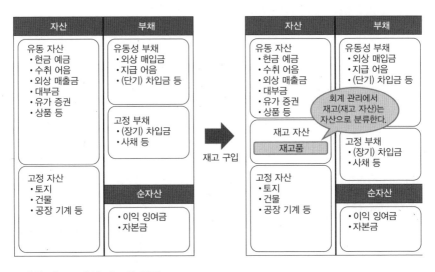

◆대차 대조표에서 재고의 위치

표가 대차 대조표이다.

대차 대조표에는 회사가 보유한 **자산**, **부채**, **순자산**의 상태가 나와 있다. 여기서 자산이란 현금 예금이나 수취 어음, **외상 매출금**, 대부금, 유가 증권, 상품과 같이 회사가 보유한 자산을 말한다. 또한 부채는 외상 매입금이나 지급 어음, 차입금과 같이 그 회사의 채무 상황을 나타내는 조항이다. 마지막으로 순자산은 그 회사가 매년 벌어들인 이익 잉여금, 무언가를 설립할 때 투자한 자본금 등을 말한다.

대차 대조표상의 재고 즉, 재고 자산은 자산으로 분류한다

이미 아는 사람이 있을지도 모르겠지만 재고는 앞으로 제3자에게 판매되고 판매 대가로 현금을 받게 된다. 즉 **회사에 재고는 가치가 있기 때문에 자산으로 분류**되는 것이다. 앞 페이지에 나온 표는 대차 대조표에서 재고(재고 자산)의 위치를 나타낸 표이다. 대차 대조표는 검은색 굵은 선을 기준으로 왼쪽이 자산, 오른쪽이 부채, 아래 쪽은 순자산을 나타내고 있다.

제 **3** 장

재고 관리의
목적

재고 관리란?

제조업, 소매업, 도매업은 왜 복잡하고 어려운 재고 관리에
힘을 쏟는 것일까?

▌재고 관리의 정의

앞 장에서 재고 관리 시스템을 이해하기 위한 전 단계로 재고 자체에 대해 자세히 설명했었다. 이번 3장에서는 재고 관리에 대해 설명해 보도록 하겠다.

복습하는 것이나 마찬가지지만 이 책에서 말하는 재고의 의미는 '앞으로 제3자에게 판매할 목적으로 회사가 창고와 같은 곳에 보관하는 물건'이라고 정의내렸다. 완성품인 상품은 물론 앞으로 가공이나 조립, 절삭과 같은 공정을 거쳐 완성하는 상품의 구성 요소, 원재료도 여기서 말하는 재고란 개념에 포함된다.

그리고 재고 관리란 **이들 재고의 품질 및 기능 저하 방지를 위해 힘쓰며 이 작업에 드는 비용을 최소한으로 억제하고 판매, 생산 부서와 같은 각 부서에서 요청하는 입출고 관리를 적절하게 실행하는 것**을 가리킨다. 간결하게 표현하자면 재고 관리의 의의는 보전 관리와 적정 재고 관리 이 두 가지로 나뉘며 그중 최근에는 적정 재고 향상을 위한 움직임, 즉 시스템 투자와 AI 기술 도입, 응용이 진행되고 있다.

시스템 투자나 AI 기술
도입·응용 등을 통해 재고 관리
능력을 향상시키기 위한
움직임이 활발함

보전 관리   적정 재고 관리

◆재고 관리의 2가지 의의

재고 관리의 목적

제조업과 소매업을 중심으로 재고를 보유하는 기업이 재고 관리에 주력하는 최대 목적은 '필요한 원재료와 상품을 필요할 때 필요한 양을 필요한 장소로 공급시키기 위해서'이다. 이번 장에서는 기업이 사업 활동을 할 때 재고 관리가 중요한 이유에 대해 구체적으로 사례를 들으며 설명하도록 하겠다.

우선 적절한 재고량을 유지하지 못한 경우 그 기업에게 어떠한 영향이 생길지 생각해 보자. 소비자 측의 수요에 비해 보유한 재고가 부족하면 품절 또는 결품 사태가 발생하고 기회 손실이 발생하게 된다. 또 이런 경우가 한 번 뿐이라면 괜찮겠지만 몇 번이고 반복된다면 소비자는 그 기업이 아닌 다른 경쟁사의 제품으로 눈을 돌릴지도 모른다.

그리고 결과적으로는 매상이나 이익이 감소하게 되는 것이다.

그 다음으로 소비자 측의 수요 그 이상으로 대량의 재고를 보유하고 있다면 어떨까?

이 경우 결품이나 품절로 인한 기회 손실은 없을 것이다. 하지만 재고를 관리하기 위해 창고나 관리 센터 같은 공간이 필요하므로 보관 비용이 든다. 또한 창고나 관리 센터에서 근무하는 스태프의 인건비, 관리 비용도 늘어난다. 그리고 어떤 재고는 경년 열화(Aging Deterioration) 현상이 발생하여 폐기해야 하는 경우도 생긴다. 참고로 사업을 하면서 발생한 쓰레기는 가정에서 나오는 쓰레기를 처리하듯 할 수 없다. 그래서 폐기업자에게 의뢰하여 돈을 지불하고 처리하게 된다. 또한 재고는 번거롭게도 법인세와 같은 세금이 붙어날 가능성도 내포하고 있다. 2-3에서도 말했지만 회계 관리상에서 팔리지 않은 재고의 원가는 매출 원가를 포함할 수 없다. 그리고 매출 원가를 포함하지 않는다는 것은 경비가 줄어든다는 것을 의미한다. 법인세와 같은 세금은 매출에서 매출 원가를 포함한 경비를, 공제한 이익의 세율로 곱하여 산출한다. 경비가 적으면 이익이 커지므로 법인세 같은 세금이 커진다. 슈퍼마켓이나 백화점과 같은 대부분의 소매업자들이 연말에 결산 세일을 실시하는 배경에는 이렇게 보유 중인 재고를 처분하고 매상 원가액을 크게 만들어 절세를 꾀하려는 것이다.

이처럼 소비자 측의 수요에 대해 과잉 재고 상태가 만성적으로 지속된다면 보관비용, 관리 비용이 들고 재고에 따라선 처리 비용도 든다. 더불어 상황에 따라선 법인세와 같은 세금도 늘어날 가능성이 있다.

재고가 과부족이 발생하면 어떠한 비용이 발생할 가능성이 있다. 그러므로 '쓸데없이 재고를 가지고 있지 말고 소비자가 구입하고 싶을 때 재고품을 즉시 출고할 수 있도록 준비해 두는 것'이 중요하다.

| 보관 비용 | 관리 비용 | 처리 비용 | 세금 |

◆ 과잉 재고로 발생하는 비용

재고 관리를 실현하기 위해 필요한 일

적정 재고 관리를 실현하기 위해서는 몇 가지 단계를 거쳐야만 한다. 제1단계는 **현재 재고 상황을 정확하게 파악하는 일**이 필요하다는 것이다. 그러기 위해서는 재고와 관련된 부서, 즉 생산 관리 부서나 판매 관리 부서, 구입 관리 부서, 회계 관리 부서, 원가 관리 부서와 연계해야 한다.

판매 관리 부서에서는 소비자나 단골 거래처의 주문이 들어왔을 때 즉각적으로 상품을 판매·배송할 수 있는지, 현재 체제나 보유 상품의 재고량을 파악할 필요가 있다.

구매 관리 부서에서는 원재료의 보유 재고량을 파악하여 생산 관리 부서가 지시를 내렸을 때 그에 맞춰 출고할 수 있는지 확인해야 한다. 회계 관리 부서나 원가 관리 부서에서는 원재료와 상품의 입·출고량, 금액을 적절하게 파악하고 그 수치를 다루는 전문가의 견해를 통해 각 부분에서 재고 전달을 할 때 정체되거나 마모, 감모 등 재고 손실이 발생하지 않는지 적절하게 관리할 필요가 있다.

이렇게 재고 상황을 정확하게 파악한 후 제2단계로 돌입한다. 이 단계에서는 미래 시점의 재고량을 예측할 수 있도록 한다. 왜냐하면 **앞으로 필요한 재고량을 예측**하는 행동으로 현 시점에서 어느 정도의 재고를 가지고 있어야 할지 파악할 수 있기 때문이다. 또한 소비자가 단골 거래처에서 납기 확인 의뢰를 요청받아도 정확하게 대답할 수 있고, 추가 발주나 신규 고객을 받는 등 긍정적인 영향으로 이어지게 되기 때문이다.

이러한 단계를 거치면 처음으로 적정 재고 관리 체제가 실현된다. '제1단계는 건너띄고 제2단계에서 말한 미래의 재고량을 예측하고 싶다.'는 고객도 적지 않지만 이런 경우는 추천하고 싶지 않다. 현 상황이 파악되지 않았는데 앞으로의 수요를 예측하는 일은 불가능하기 때문이다. 그리고 결과적으로 예측한 것의 정확도가 낮으면 과잉 재고나 결품과 같은 사태가 발생할 수 있어 회사 입장에서는 큰 손실을 일으키게 된다. 그러므로 **정확한 재고 상황을 파악할 수 있어야 미래를 예측하는 일의 가치도 빛을 발하게 되는 것이다.**

▎재고 관리 수준을 1단계 상승시키는 방법

제1단계의 현상 파악, 제2단계의 미래 예측은 현재와 미래의 재고를 관리하는 것을 의미한다. 그리고 제1단계에서 말하는 현재 상황과 제2단계의 미래의 재고를 적절하게 관리 예측한 후에는 **과거의 재고 데이터를 효과적으로 활용**해야 할 것이다.

단 제3단계를 실행하기 위해서는 여러 제약 조건들을 제거해야 한다. 예를 들면 과거의 재고 관리 데이터는 말 그대로 과거의 자료이기 때문에, 재고 관리 시스템을 구축할 때 서버와 데이터베이스 설계, 테이블 구성에 따라 3단계가 불가능한 경우가 생길 수 있다. 이 경우 데이터베이스의 재설계와 프로그램 재개발 작업이 필요하다. 또한 어떤 업종에서는 과거의 데이터가 거의 필요 없는 경우도 있다. 예를 들면 거래처가 정해져 있고 매년 정해진 개수의 재고를 출고하는 곳이 여기에 해당한다.

제3단계를 생각할 때는 이러한 점을 염두에 둘 필요가 있다. 3단계에서는 과거 데이터는 과거의 입출고 정보만을 가리키지 않고 날씨 정보나 교통 정보, 주가 정보, 트렌드 정보, SNS상의 정보 등도 포함한다.

하지만 SNS 정보 중에서도 일부 예외가 있는데, SNS의 정보는 과거의 내용이므로 정확한 정보라 할 수 있다(대표적인 곳이 글로벌 SNS 중 하나인 Twitter(현재의 X)로 '좋아요', '리트윗'으로 매일 변동되는 정보가 포함되기 때문에 이와 같이 기술하였다). 이렇게 과거 정보를 효과적으로 활용하는 것이 제3단계에서 지향하는 재고 관리의 의미라 할 수 있다.

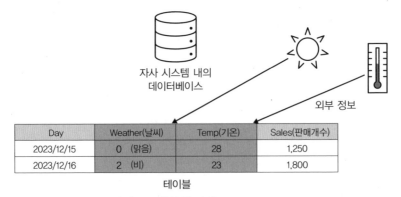

Day	Weather(날씨)	Temp(기온)	Sales(판매개수)
2023/12/15	0 (맑음)	28	1,250
2023/12/16	2 (비)	23	1,800

테이블

◆ 과거의 날씨 정보를 효과적으로 활용한 사례

여기서 구체적인 예시 하나를 들어 보겠다. 오피스 빌딩에서 도시락을 파는 판매업자는 판매일의 날씨 영향을 많이 받는 곳 중 하나이다. 비가 오는 날은 회사원들이 건물 밖으로 나가기 싫어 건물 내에서 도시락을 구입하는 사람이 많다. 하지만 맑은 날은 빌딩에서 조금 떨어진 레스토랑이나 백반집에 가는 사람이 늘기 때문에 도시락 판매 수가 줄기 마련이다. 만약 도시락의 판매 개수가 그날의 날씨에 영향을 받는다면 이와 같은 과거 데이터는 큰 가치를 갖는다고 할 수 있다.

또한 과거 데이터를 제1단계의 현재 정보와 제2단계 미래 정보에 비교해 보면서 좀 더 세밀한 수요를 예측할 수 있고 적절하게 관리할 수도 있다.

최근에는 기상 정보도 **API**(Application Programming Interface)를 통해 기계적으로 수집할 수 있게 되었다. 기상 정보도 마찬가지이지만 **자사의 사업과 연관이 있는 외부 정보를 정확하게 이해하고 이를 자사의 데이터베이스, 테이블에 제대로 축적 관리하면 재고 관리 시스템이 더욱 성장하게 될 것**이다.

◆ 재고 관리의 단계

재고 관리 방식과 장점들

갈수록 복잡해지는 재고 관리의 방식들과 각각의 구조. 그리고 도입했을 때의 장점을 살펴보자.

▌현재 재고량을 관리하는 방식

모든 시스템과 앱의 정확도는 날로 향상되고 있으며 많은 연구·개발 투자로 인해 상당한 수준의 정확도와 신속성을 갖게 되었다. 하지만 재고 관리 업무에서는 일부 최첨단 기술을 활용하는 사례를 제외하였기 때문에 현대 비즈니스에서도 인

◆재고량 관리 방식 일람표

관리 방식	바코드 방식	2차원 바코드 방식	RFID 방식	이미지 인식 방식	수동(Excel, 종이 등)
관리 방법	상품을 식별하는 관리법	2차 바코드 (QR코드)를 사용한 관리법	RFID를 사용한 관리법(교통카드에 사용되고 있는 기술)	이미지 인식을 사용한 관리법	PC 응용 프로그램(엑셀)이나 종이로 매번 수동으로 입력하는 방법
특징	•자동 인식 기술 중에서는 비교적 도입 비용이 적다. •인식 속도가 빠르고 오류가 적다.	•바코드 방식의 10배 정도의 정보를 보유할 수 있다. •거의 모든 방향에서 읽을 수 있다. •약간 오염, 파손되어도 복원성이 뛰어나다. •아이폰, 아이패드, 안드로이드 휴대폰의 카메라 기능으로도 읽을 수 있다.	•RF 태그(IC 태그와 동의어)에 기록된 데이터를 전파를 사용하여 비접촉 방식으로 읽는다. •전파를 이용하여 동시에 여러 개의 태그를 스캔할 수 있다.	•관리 대상에 무언가를 부여할 필요가 없다.(바코드 혹은 QR 코드) •아직 발전 중인 기술이다. 해외에서는 도입되고 있는 추세지만 일본에서는 아직 많지 않다. •카메라를 설치할 때의 레이아웃이나 셸프웨어(shelfware)를 진열할 때 주의해야 한다.	•적은 비용으로 도입할 수 있다. •관리 대상이 적거나 재고 관리를 테스트할 때 유용하다. •관리 대상이 많아지면 관리할 수가 없다.
도입하기 쉬운가?	△	□	△	×	◎
효과	△	□	□	◎	×

적 작업을 완전히 대체하기 어렵다는 과제가 아직 남아 있다. 이 페이지에서는 현재의 재고량을 관리하는 방식을 살펴보고 각각의 장단점을 비교해 보기로 한다. 앞 장의 표는 재고량 관리 방식을 정리한 것으로 각각의 특징과 용이성, 기대할 수 있는 효과를 자세히 보여 주고 있다.

▌바코드 방식

우선 우리에게 친숙한 **바코드 방식**이다. 이 방식은 선의 굵기, 선과 인접한 간격을 조합하여 센서가 인식하면서 시스템상의 정보를 축적하는 방법이다. 자동 인식 기술의 일종이며 도입 비용이 다른 방식에 비해 저렴하기 때문에 다양한 업계, 업종에서 이용되고 있다. 바코드 방식은 읽는 속도도 빠르고 오인식이 적은데 이 점이 바코드 방식의 최대 강점이라고 할 수 있다.

우리 주변에서 흔하게 볼 수 있는 바코드를 읽는 기기는 **바코드 스캐너**라고 부르는데 재고 관리 업무에서 **핸디 터미널**(업무용 단말기: HT) 등의 기기를 이용하여 제품의 정보를 간편하고 정확하게 읽어 낼 수 있다. 최근 물류에서는 이커머스가 발전하면서 보다 많은 상품을 빠르게 취급해야 하기 때문에 이와 같은 자동 인

바코드 스캐너

핸디 터미널

◆바코드 방식에서 사용하는 단말기

식 기술의 도입과 발전이 이루어지지 않으면 재고 관리 실무가 원활하게 돌아가지 않는 상황이 발생한다.

참고로 바코드는 다양한 종류가 있다. 각각의 개요를 아래의 표로 정리해 보았다.

◆ 바코드 종류

명칭	읽는 법	심벌	문자 종류	특징	표현 가능한 자릿수
JAN	잔	4 912345 678904	숫자(0~9)만 가능	• 유통 코드이며 JIS에서 기획하였다. • 유럽의 EAN, 미국의 UPC와 호환 가능하다.	13자리 또는 8자리
ITF	아이티 에프	1 2 3 4 5 6 7 8 9 0	숫자(0~9)만 가능	• 같은 자리수라면 다른 코드보다 바코드의 크기를 작게 만들 수 있다. • 재고 관리 업무를 할 때 잘 맞다.	짝수만 가능
CODE39	코드39	C O D E 3 O F 9	숫자(0~9) 알파벳 대문자 기호	알파벳이나 기호를 다루기 때문에 품번으로 표현할 수 있다.	자유
NW-7	엔더블 유-7	A12345B	숫자(0~9) 기호	몇 개의 알파벳과 기호로 표현 가능하다.	자유
CODE128	코드128	Code 128	숫자 알파벳 기호	• 모든 문자로 처리할 수 있다. • 숫자로만 나타낸다면 사이즈를 작게 할 수 있다.	자유

여기서는 재고 관리와 관련된 바코드를 설명해 보겠다. 일본에서 가장 일반적인 바코드는 **JAN 코드**로 위의 표에 나온 심벌을 보면 알 수 있겠지만 바코드 하단의 13자리, 8자리 숫자가 기재되어 있다. 각각의 숫자에는 의미가 담겨 있고 국가 번호나 사업자, 상품 코드를 나타낸다. 이는 세계 공통 규격이며 국가, 기업, 상품의 정보를 담고 있기 때문에 재고 관리나 매출 관리에 활용되고 있다.

또한 바코드에는 몇 가지 종류가 있다. 재고 관리와 관련된 곳에서 자주 사용하는 바코드인 **ITF**이다. ITF는 주로 포장용 골판지에 인쇄되어 있으며 물류업이나 창고 관리 업무 등의 입출고 관리, 재고 관리에서 사용한다.

2차원 바코드 방식

2차원 바코드는 바코드와 모양이 같은 자동 인식 기술의 한 종류이다. 바코드는 13자리나 8자리의 세로 막대로 구성된 코드이지만 2차원 바코드는 가로, 세로 막대로 정보를 구성하기 때문에 일반 바코드보다 10배 가까운 정보를 보유할 수 있다.

또한 어떤 방향에서든 읽을 수 있기 때문에 다소 오염되거나 파손된다 해도 정보가 손상되지 않는다는 것이 강점이다. 재고 관리 업무에서는 제조 날짜, 로트 번호와 같이 다양한 정보를 취급하므로 어쩌면 일반 바코드 방식보다 2차원 바코드 방식이 더 유효하다고 할 수있다.

게다가 2차원 바코드 방식은 읽는 방법에도 장점이 있다. 바코드 방식은 바코드 전용 스캐너나 HT가 필요하다. 하지만 2차원 바코드 방식은 아이폰, 아이패드, 안드로이드 기기의 카메라를 이용하여 읽을 수 있어 비교적 도입이 간단하다.

RFID 방식

RFID는 'Radio Frequency Identification'의 약자로 전파를 이용하여 IC 태그 정보를 비접촉 방식으로 읽는 자동 인식 기술 중 하나이다. SUICA(한국의 티머니 같은 것)와 같은 교통카드용 IC 체크 카드, 아파트에서 사용하는 도어락 기술도 RFID의 일종이다.

바코드와 2차원 바코드가 각각의 하나씩 읽을 수 있는 데 반해 RFID는 전파를 이용하여 여러 IC 태그를 동시에 스캔할 수 있다. 그래서 여러 재고가 상자나 컨테이너 속에 보관되어 있다 해도 이를 개봉하지 않고 한 번에 읽을 수 있다. 또한 IC

태그를 스캔할 수 있는 위치에 서 있으면 어느 때든 상관없이 데이터를 읽을 수 있기 때문에 스캔 작업 자체를 자동화할 수 있다.

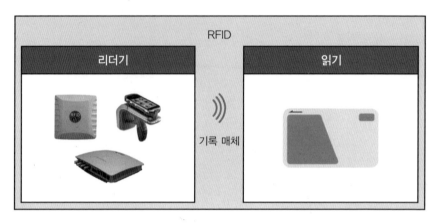

◆RFID 방식이 정보를 읽어 내는 이미지

화상 인식 방식

화상 인식 기술은 매일매일 발전하고 있다. 재고 관리 업무에서도 이를 도입한 시스템이나 서비스가 늘어나고 있다. 예를 들면 천장이나 벽에 설치된 카메라나 센서로 촬영한 영상을 통해 재고를 종류별로 자동 인식하기도 하고, 남은 재고 수량을 실시간으로 산출하기도 한다. 또한 미국이나 중국 등에서는 재고 관리 담당자가 촬영한 영상으로 재고의 상품명이나 재고 개수를 인식하는 기술도 등장하고 있어, 향후 재고 관리의 방식이 점차 변화할 것으로 보인다.

화상 인식 방식의 가장 큰 특징은 바코드 방식이나 2차원 바코드 방식과 비교하여 재고에 무언가를 부여할 필요가 없다는 점이다. 그리고 RFID 방식처럼 IC 태그를 번잡하게 설치할 필요도 없다는 점이다. 그 반면 아직 좀 더 개발이 필요한 부분도 있기 때문에 정확도가 높아지면 도입이나 유지 관리 비용이 높아질 가능성이 있다.

또한 화상 인식 방식을 도입하려면 카메라와 센서 설치가 반드시 필요하다. 창고나 관리 센터의 구조, 재고의 크기, 배치에 따라 천장이나 벽에 카메라나 센서를 제대로 설치하지 못하는 경우도 있다. 만약 억지로 설치하게 되면 카메라와 센서 위치가 좋지 않아 재고 상태, 재고 수량을 알맞게 계산하지 못할 가능성도 생기므로 주의해야 한다. 또한 재고가 상자 속에 들어 있다면 처리가 불가능하므로 재고 관리 업무를 고려한 상태에서 화상 인식 방식을 도입할 수 있는지 먼저 판단할 필요가 있다.

현재 재고량 파악

기업이 적정 재고 관리에 과제를 부여하는 이유와 처리법

정확한 재고량 파악이 필요한 이유

현재 재고량을 파악해야 하는 이유는 앞서 3-1에서도 이야기했다. 현재 보유 재고량을 정확하게 파악하지 못한다면 입출고량 정보가 아무리 정밀하다 해도 재고량이 일치하지 못하고 이는 발주 작업에도 영향을 미친다. 어떤 회사에서는 과거의 발주 실적치를 토대로 앞으로의 발주량을 결정하는 곳도 있으며, 보유 재고량을 계산할 때 오류가 발생한다면 그 발주량에도 차이가 발생한다.

따라서 현재의 재고량을 정확하게 파악하는 일은 미래의 수요 예측 이상으로 정확성이 필요하고 적정 재고 관리를 실현하기 위해서는 먼저 착수할 필요가 있다. 시스템상이나 장부상의 재고량과 실제 재고량에 큰 차이가 발생한다면 이를 조속히 대처해야 한다.

정확한 재고품 파악을 방해하는 원인

재고 관리 실무에서도 재고 품량 관리에 힘을 쏟는다 해도 어딘가에서 소위 '구멍'이라고 하는 것이 생길 때가 있다. 그 구멍이 작다면 좋겠지만 시의적절하지 못한 타이밍에 큰 실수가 생긴다면 재고 관리 담당자들이 총출동하여 원인 규명을 할 필요가 생긴다. 만약 결산기 기말 재고 조사를 할 때 재고 관리 시스템상의 재고량과 실제 재고량에 큰 괴리가 발생하는 경우가 있다면 이런 경우다.

이렇게 큰 문제가 발생할 가능성이 있는 재고 품량의 착오는 어디서 발생하는 걸까? 이는 주로 재고 관리 전후 공정인 '**입고할 때**'와 '**출고할 때**' 발생한다.

제3장 재고 관리의 목적

▌입고 시에 재고가 불일치하는 이유

앞에서 이야기 했듯 '입고 시'에 재고량이 불일치할 수 있다. 구체적으로는 다음과 같은 경우에 재고량 불일치가 발생한다.

- **단순한 재고량 계산 실수**
- **발주 실수로 인한 재고량 계산 오류**
- **입고에 관한 운용 규정의 이해 부족**

그렇다면 각각의 경우에 대해 상세하게 알아보자.

단순한 재고량 계산 실수

창고나 관리 센터에 도착한 재고는 입고 예정 일람표를 대조하면서 확인하는데 그 입고 예정 일람표상에 도착하는 재고에 대한 정보가 구체적으로 명기되어 있다면 입고 불일치를 방지하는 제동 장치가 되겠지만 모든 회사가 그렇지는 않다. 또한 재고 관리의 실무상 간단하게 육안으로만 입고량을 확인하는 사업자도 다수 있기 때문에 이러한 경우가 쌓이면서 재고 품량의 편차가 갈수록 커지는 것이다.

발주 실수로 인한 재고량 계산 오류

발주할 때 실수를 하면 과부족이 있는 상태에서 재고가 입고된다. 이때 구매 관리부와 잘 연계가 된다면 다행이지만 수량의 차이에 따라 그 작업이 뒤로 밀릴 수도 있다. '티끌 모아 태산'이라고 하듯 하루 10개의 오류가 매일 반복된다면 3,500개의 재고 불일치가 발생한다는 것이다. 만약 회사에서 계획했던 입고량과 차이가 난다면 일을 뒤로 미루지 말고 관련 부서와 제대로 소통하여 재고 관리 시스템상의 수치 반영을 게을리하지 않는 것이 중요하다.

입고에 관한 운용 규정의 이해 부족

입고된 재고를 검품한 결과 부적합하다는 이유로 반품하게 되는 경우도 종종 발생한다. 원래 주문한 상품이 아닌 경우나 운송 중에 파손된 상태로 상품이 도착한다면 충분히 그럴 수 있다. 하지만 그러한 사태가 발생했는 데도 재고 관리 담당자가 운용 규정을 제대로 이해하지 못하거나 애초에 운용 규정이 제대로 정비되지 못하고 형식적으로만 갖춰져 있다면 재고 관리 시스템상의 수치는 직원의 판단이나 시스템 조작에 의해 서서히 어긋나고 실제 재고량과 차이가 발생한다.

출고 시에 재고 불일치가 발생하는 이유

앞에서는 입고 시 재고 불일치가 발생하는 이유를 자세히 살펴보았다. 이 페이지에서는 '출고' 시점으로 눈을 돌려 재고 불일치가 일어나는 구체적인 이유를 설명하도록 하겠다. 구체적으로는 다음과 같은 원인으로 재고 불일치가 발생한다.

- 피킹(picking) 미스
- 출고 관련 운용 규정의 이해 부족

그렇다면 각각 항목에 대해 살펴보자.

피킹 미스

출고 시 재고 불일치가 발생하는 가장 큰 이유로 피킹 실수를 들 수 있다. 피킹할 때 수량을 잘못 계산하거나 비슷한 상품으로 착각하여 포장하는 경우, 반대로 적절한 수량의 상품을 포장하고 출고 준비를 하였는데도 시스템 등록의 실수로 실제 재고량과 시스템상의 재고량이 차이나는 경우가 생긴다.

출고할 때 실시하는 검품 작업에서도 상품이 파손되거나 마모되면 출고량을 줄여야 하는데 그렇지 않은 경우 보유 재고량이 불일치하게 된다.

출고 관련 운용 규정의 이해 부족

입고 때와 마찬가지로 출고할 때도 다양한 문제가 발생한다. 구체적으로 본사의 상부에서 지시하여 급하게 발송해야 하는 상품을 재고 관리 담당 이외의 직원이 창고에서 꺼내 출고시켰다고 하자. 쉽게 이해하기 위해 영업부 직원이 출고시켰다고 하자.

사업부제가 기능하는 회사에 재고 관리 시스템을 이용하는 사람은 통상적으로 재고 관리 담당이고, 생산 관리 시스템의 이용자는 생산 관리 담당이라는 형태로 시스템 이용 권한을 설정하고, 권한이 없는 담당자는 그 시스템에 접속할 수 없는 것이 일반적이다. 즉 실제로 창고에서 상품을 가지고 나온 영업부 직원은 재고 관리 시스템상에서 출고 처리를 할 수 없다.

결과적으로 실제 재고량은 감소했음에도 불구하고 재고 관리 시스템상의 재고량은 줄어들지 않기 때문에 괴리가 발생하는 것이다.

기업에서도 거래처에 샘플을 배포하거나 시제품을 제공하는 경우가 있다. 재고 관리 담당자 이외의 스태프에게 재고가 필요한 경우, 어떠한 경로로 이를 요청하여 어느 담당자가 회답처 역할을 하며 최종적으로 누가 승인하는지 운용 과정에서 명문화하여 전체적으로 이해할 필요가 있는 것이다.

모든 패턴을 망라한 운용 규정, 규칙 제정은 매우 어려운 일이며 시간과 노력이 필요하다. 게다가 한 부서만 열심히 움직여서는 해결할 수 없다. 이는 기본적으로 최고 경영층이 문제의식을 가지고 총무부나 인사부 등의 부서와 연계하여 톱다운 형식으로 규정을 작성하거나 재검토할 필요가 있다. 이러한 운용 규정이나 규칙은 재고 관리 시스템과도 관련이 있기 때문에 현행 규정상 뭔가 큰 문제점이 있다면 엔지니어의 관점에서 의견을 제시하는 일도 중요하다.

입출고 작업 실수를 방지하는 기술

기업이 재고 관리 실무를 할 때 상상하기 어려울 정도로 방대한 품목과 양을 취급하게 된다. 그 품목과 총량이 늘어날수록 재고 관리의 복잡함과 번잡함은 늘어나지만 이와 동시에 재고 관리 시스템의 존재 의의도 높아진다.

재고 관리 시스템의 존재 의의란 재고 관리 업무와 관련된 문제를 방지하고 업무의 정밀도 향상, 업무 효율화를 달성하는 일이다. 앞에서 이야기했듯 입출고는 인적 작업을 동반하는 경우가 많다. 또한 사람의 개입이 많을수록 실수나 문제가 발생하기 쉽다. 그렇기 때문에 재고 관리 시스템을 담당하는 엔지니어는 '**어느 부분이 시스템화 가능하고, 어느 부분은 인적 작업으로 남겨야 하는가**'를 확실히 생각할 필요가 있다.

또한 인적 작업을 남길 경우, **그것들이 만들어 내는 잠재 리스크를 파악하여 고객에게 사전에 전달**하는 것이 중요하며, 필요에 따라 운용 규정이나 규칙에도 관여할 필요가 있다. 요청대로 만드는 것만으로는 더 나은 재고 관리 시스템을 만들 수 없기 때문이다. 항상 고객과 현장의 시각으로 한 회사 한 회사의 내부 사정에 부합하는 시스템을 정의하고 설계해 나갈 필요가 있다.

제 **4** 장

재고 관리의 중심인 발주 관리 기능

발주 관리 방식과 그 특징

기업이 채용한 발주 관리 방식의 기본을 이해하고 각각의 특징에 대해 알아보자

▌발주 관리의 의의

재고 관리의 중심적인 업무 중 하나는 **발주 관리**이다. 발주 관리란 **상품과 원재료 등을 발주하는 것**을 의미한다. 발주는 기업에 따라 원재료의 발주 관리는 구매 관리 부서에서 담당하고 완성품인 상품, 즉 재고 발주 관리는 재고 관리 부서에서 담당하는 것처럼 역할을 분담하고 있는 경우가 있다. 구매 관리 부서에서는 기본적으로 대외적인 원재료 조달을 담당하고 재고 관리 부서에서는 사내에서 생산된 상품을 취급한다는 차이점이 있다. 이 책에서는 제7장에서 구매 관리 시스템에 대해 별도로 설명하고 있으니, 여기서는 역할 분담이 명확한 기업을 대상으로 이야기를 이어나가겠다. 앞에서 말했듯 재고 관리 부서가 원활하게 돌아가지 않는 경우 기업은 여러 불이익을 얻게 된다. 결품이나 품절 사태는 거래처, 소비자에게서 외면을 받게 되는 결과를 초해하고, 재고 과잉일 경우 창고 관리비나 인건비, 세금 부담이 증가한다. **재고 관리 부서가 제때 적절한 발주 관리 대응을 해야만 리스크를 방지할 수 있는 것**이다. 그러므로 이 장에서는 재고의 특성에 맞춘 각 발주 방식에 대해 설명하기로 한다.

▌발주 관리 방식의 개요

앞에서 말했듯 재고 관리 부서의 미션 중 하나는 시의적절하게 재고량을 유지하는 것이다. 필요한 재고량을 필요할 때 필요한 만큼 확보할 필요가 있다. 필요한 재고를 유지하는 방법은 3-1에서 설명했기 때문에 4장에서는 재고량을 적절하게

유지·관리하기 위해 사용하는 발주 방식에 대해 살펴보도록 하겠다.

발주 관리를 크게 보면 **'발주 타이밍'**과 **'발주량 계산법'** 두 가지로 나눌 수 있다. 여기서 타이밍은 발주 작업이 정기적으로 이루어지는지 아닌지(즉, 부정기적인지), 계산법이 올바른지 아닌지를 말한다.

여기서 정량 발주 방식은 정해진 수량을 발주하는 것을 의미한다. 그 반면 정기 발주 방식은 정량인지 비정량인지, 그리고 정기인지 부정기인지에 따라 결정한다.

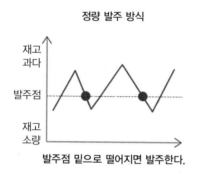

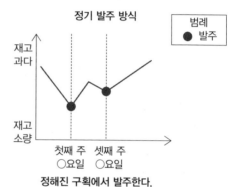

정량 발주 방식 / **정기 발주 방식** / 범례 ● 발주

발주점 밑으로 떨어지면 발주한다. / 정해진 구획에서 발주한다.

◆정량 발주 방식과 정기 발주 방식

◆발주 관리 방식의 분류

		발주량 계산법	
		정량 (예: 항상 ○개 발주)	비정량 (예: 필요할 때마다 계산하여 발주)
발주 타이밍	정기적 (예: 첫째 주, 셋째 주)	정기 정량 발주 방식	정기 비정량 발주 방식
	비정기적 (예: 재고량 ○개 이하일 경우)	비정기 정량 발주 방식	비정기 비정량 발주 방식

발주 관리 방식은 기업의 리스크 허용도와 적정 재고 실현을 위한 대응 의욕이 크게 영향을 미친다. 예를 들어 정기 정량 발주 방식을 채택했을 경우 한 번 결정

하고 나면 모두 같은 작업으로 이어진다. 이는 재고 관리 시스템에 자동 주문 기능을 통합함으로써 재고 관리 부서의 직원은 적은 가동량으로 주문 및 관리할 수 있는 장점이 있지만, 한편으로 거래처와 소비자의 수요가 감소하면 주문 과다로 인해 재고 과잉이 발생할 가능성이 있다.

반대로 비정기 비정량 발주 방식을 채택할 경우 항상 재고량을 감시해야 하기 때문에 재고 관리 부서가 바빠지게 된다. 또한 발주할 때도 보유 재고량에서 그때그때의 발주량을 산출해야 하므로 정기 정량 발주 방식과 비교했을 때 상당히 부담이 커진다. 하지만 그 반대로 시장의 변화에 대해 유연하게 발주량을 조정할 수 있기 때문에, 코로나19와 같은 유사시에 적합한 관리 방식이라고 할 수 있다(보충 설명하면 정기 정량 발주 방식을 채택했을 경우에도 유사시 발주 간격을 조정함으로써 시장 변화에 대응할 수 있다).

정기 정량 발주 방식은 상당히 심플한 방식이기 때문에 앞에서 설명한 것을 바탕으로 대략적인 이미지를 그려 볼 수 있을 것이다. 그러나 정기 비정량 발주 방식과 비정기 정량 발주 방식, 비정기 비정량 발주 방식은 정기 정량 발주 방식보다 내용이 조금 더 복잡해지므로 다음 페이지부터 자세히 설명하겠다.

4-2 정기 비정량 발주 방식

수요 예측에 맞춰 발주하는 방법

▌정기 비정량 발주 방식의 개요

정기 비정량 발주 방식은 정기로 발주하기 때문에 '매월 15일' 등 정해진 날짜(혹은 기간)에 발주하는 양을 그때그때 계산하는 방식을 말한다. 이는 '비정량'이기 때문에 계산 방식과 재고 상태 출하량을 고려하여 발주량이 변한다.

정기 비정량 발주 방식은 매번 발주하는 양을 조정할 수 있기 때문에 재고량과 발주량을 확실하게 관리하여 재고 낭비를 없애려는 기업에서 채택한다. 이 방식은 필요한 보유 재고량이 항상 일정하지 않거나 재고 유지 비용이 높은 경우에 매우 유용하다. 몇 가지 예를 들면 패션 소매업처럼 소비자의 트렌드 변화가 심하거나 반대로 트렌드 변화를 읽을 수 없는 것, 시장 가격이 높은 원재료나 부품 등을 사용하여 만들어진 상품, 진부화(陳腐化)의 속도가 빠른 상품 등이 정기 비정량 발주 방식을 채택한다.

사실 정기 비정량 발주 방식은 그 회사의 수요 예측이 얼마나 정밀하냐에 따라 효과가 결정된다. 수요 예측은 보유 재고량이나 최근 발주 잔액, 발주 리드 타임과 과거 실적치를 조합하여 최신 출고 예정량을 예측하는데, 여기서 변수는 회사마다 상당히 차이가 난다. 패션 소매업의 경우 SNS의 입소문이나 트렌드 정보를 하나의 요소로 측정하는 것도 좋다. **정기 비정량 발주 방식을 채용하고 있다면 수요 예측 시스템도 함께 도입, 강화하는 방법**도 추천한다.

다음 페이지의 그림은 정기 비정량 발주 방식을 채택하고 있는 기업의 발주부터 입고까지의 흐름을 나타낸 것으로 매월 15일을 정기 발주일로 하고 있다.

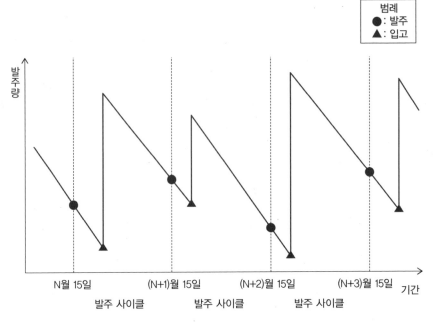

◆정기 비정량 발주 방식을 채택한 경우 발주에서 입고까지의 흐름(예시)

▌정기 비정량 발주 방식에서 필요한 데이터

정기 비정량 발주 방식에서는 ① **안전 재고량**과 ② **발주량**을 확인할 필요가 있다. 각각의 계산법은 아래와 같다.

---

① 안전 재고량 = 안전 계수 × 대상 재고(출하량)의 표준 편차 ×

$$\sqrt{(발주\ 리드\ 타임 + 발주\ 간격)}$$

② 발주량 = 예상 수요량－(재고량 ＋ ① 안전 재고량) －

(미입고량－미납입량)

---

① 안전 재고량은 상품의 수요 변화에 대응하기 위해 필요한 예비(스페어) 재고를 의미한다. 안전 재고량의 계산 방식에 사용되는 각각의 단어는 아래와 같은 뜻을 가지고 있다.

◆ 안전 재고량 계산 방식에 사용하는 단어의 의미

각 항목	상세
안전 계수	• 품절 허용률(확률)을 계수화한 것을 말한다. • 사내에서 'A 상품은 100회 중 5회까지는 결품을 허용할 수 있다'고 결정한 경우, A 상품의 결품 허용률은 5%가 된다(결품 허용률 5%의 안전 계수는 1.65). • 안전 계수는 간이적으로 Excel의 함수로 계산 가능 • 안전 계수=NORMSINV(1-결함 허용율)
(출하량)의 표준 편차	• 분산 상태를 보기 위한 수치. 과거의 출고량 데이터에서 일일 평균 출고량을 산출하여 안전 재고 상품의 분산 상태를 구한다. • 안전 계수와 마찬가지로 (출고량의) 표준 편차는 간단하게 Excel의 함수에서도 계산이 가능하다. • 1개월의 표준 편차=STDEV[1개월당 출고량(실적치)]
발주 리드 타임	• 발주 조달까지 필요한 일수 • 기본적으로 발주 간격+조달 기간이 발주 리드 타임이다. • 발주 후 원상태가 될 때까지 10일 정도 걸린다면 그 재고의 발주 리드 타임은 10일간이 된다.
발주 간격	• 발주에서 다음 발주까지의 간격 • 발주 작업을 2주간 한 번 정도 실시하는 경우 발주 기간은 14일이다.

① 안전 재고량 수치를 사용하여 ② 발주량을 계산한다. ② 발주량의 계산 도중에 등장하는 단어의 구체적인 뜻은 아래와 같다.

◆ 발주량 계산에 사용하는 단어의 의미

각 항목	상세
예상 수요량	최근 주문에서 입고된 후 다음 발주분 입고 때까지 필요한 예측 재고량
재고량	주문시에 자사 내(창고·관리 센터를 포함)에 존재하는 재고량
안전 재고량	①의 계산 결과
미입고량	이미 주문 처리를 마쳤지만 아직 입고되지 않은 재고량
미납입량	이미 주문이 완료되었지만 아직 출고되지 않은 재고량

비정기 정량 발주 방식

발주 시기를 정하지 않고, 보유 재고량이 기정의 발주점을
밑돌았을 때에 발주하는 방식

▎비정기 정량 발주 방식의 개요

정기 발주 방식에서는 발주 타이밍을 정하는 요소로 시간(기간)을 사용했는데 비정기 발주 방식에서는 **발주점**이라는 개념을 사용한다. 구체적으로 '재고 수가 남은 ○○개 이하일 경우 발주한다.'라고 말할 수 있다.

또한 정량에서 발주하기 위해 발주를 할 때마다 필요한 양을 계산하지 않고 미리 발주량을 정하기 때문에 발주할 때 발주량 계산이 필요 없다. 그래서 발주할 때 시간이 들지 않는다. 한편 발주량은 정량이기 때문에 시장 변화와 거래처에서 급한 의뢰가 들어올 때 대응할 수 없다는 특이점도 있다. 비정기 정량 발주 방식과 궁합이 맞는 재고는 저렴하고 수요의 변화가 적은 상품, 예를 들어 미네랄워터나 100엔숍의 상품 등이 해당된다고 할 수 있다.

다음 페이지의 그림은 비정기 정량 발주 방식을 채택하는 기업의 발주부터 입고까지의 흐름을 나타낸 것이다. 앞에서 이야기한 정기 비정량 발주 방식과 이름은 비슷하지만 각각의 차이에 대해 명확하게 알 수 있을 것이다.

비정기 정량 발주 방식을 채택할 경우 앞에서 언급한 발주점을 구해야 한다. 발주점은 다음의 계산식으로 산출한다. 또한 안전 재고량은 4-2에서 언급한 계산식과 차이가 없으므로 자세한 설명을 생략하도록 하겠다.

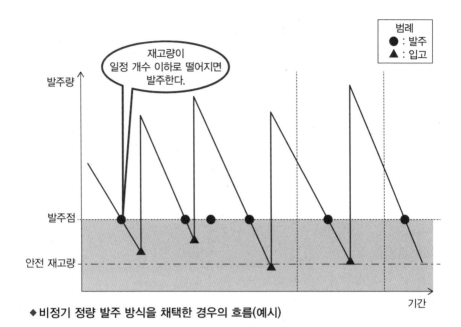

◆비정기 정량 발주 방식을 채택한 경우의 흐름(예시)

---

② 발주점 = (1일 평균 출고량 × 발주 리드 타임) + 안전 재고량

발주점 계산식에 사용되는 각 단어의 의미는 다음과 같다.

◆발주점을 계산할 때 사용하는 단어의 의미

각 항목	상세
1일 평균 출고량	1일 판매량과 부품 사용량
발주 리드 타임 (조달 기간)	상품을 발주해서 납입하기까지 걸리는 기간(제조 물건의 발주점은 생산 착수로부터 완료까지의 제조 기간)
안전 재고량	수요 변동으로 인해 필요한 재고를 미리 대응할 수 있도록, 여분으로 마련해 두는 재고량

위에서 말했듯 발주점은 '(하루 평균 출고량×발주 리드 타임)+안전 재고'로 구할 수 있다.

가령 B 상품의 일평균 출고량이 500개, 주문 리드 타임이 10일, 안전 재고가 300개라고 하면 계산상에서 말하는 (500개×10일)은 주문 후 재고가 도착할 때까지 출고되는 재고량을 말한다. 즉 10일간 5,000개가 출고되는 것이다. 이 5,000개에 안전 재고에 300개를 더하면 총 5,300개가 되는데 B 상품의 경우 보유 재고량이 5,300개 이하가 될 때 발주를 하면 된다는 것이다.

또한 일별 평균 출고량은 평균값 외에 최댓값이나 최솟값, 중간값을 합치는 회사가 많다. 재고품의 출고 속도가 일시적으로 빨라진다면, 최댓값과 최솟값을 조합하여 낙관적 시나리오, 비관적 시나리오, 긍정적 시나리오라는 형태로 **출고와 발주 시뮬레이션을 돌려 볼 필요**가 있다. 그리고 매 분기마다 지속적으로 시뮬레이션을 반복한다면 다음 분기 이후, 시뮬레이션 데이터를 전기 대비 분석 데이터로 활용할 수 있다.

4-4 비정기 비정량 발주 방식

변동하는 재고 물량을 살펴보면서 필요할 때 필요한 만큼 발주하는 방식

▌비정기 비정량 발주 방식의 개요

비정기 비정량 발주 방식은 시의적절하게 필요한 양의 재고를 유지하는 가장 이상적인 방식이다.

이 방식의 큰 흐름은 다음과 같다. 매일 아래의 흐름대로 작업을 하면 그날 어느 만큼의 양이 왜 필요한지 또 언제 필요한지를 살피고 발주량을 결정할 수 있다.

① 그날 출고 작업이 완료된다.
② 출하 대응 일수와 발주까지의 남은 일수를 계산한다(다음 계산식 ①, ②).
③ 출고 대응 일과 조달 리드 타임을 비교해, 같거나 적으면 ④번 과정으로 진행한다.
④ 발주량을 계산한다(다음 계산식 ③).
⑤ 주문을 처리한다.

비정기 비정량 발주 방식 중에서도 주로 사용하는 계산식은 아래와 같다. 심플한 계산식이지만 재고 관리 시스템의 수속이 끝나지 않은 경우 매일 계산해야 할 필요가 있고, 가장 가동 부담이 커지기 쉬운 것이 이 방식이다. 다만 대신 회사는 적절한 재고량을 확보할 수 있고 결품이나 품절 외에 과잉 재고로 인해 관리 비용이 증가하는 사태를 미연에 방지할 수 있다.

① 출하 대응 일수 = 남은 재고량 ÷ 1일 평균 출고량

② 발주하기까지 남은 일수 = 남은 재고량 − (출하 대응 일수 × 조달 리드 타임) + 안전 재고량

③ 발주량 = 1일 평균 출고량 × 재고 일수

비정기 비정량 발주 방식의 계산식에 사용되는 단어의 의미는 아래와 같다.

◆비정기 비정량 발주 방식의 계산식에 사용되는 단어의 의미

각 항목	상세 내용
남은 재고량	현재 남아 있는 재고 수
출하 대응 일수	• 현재 재고 물량, 출하 대응이 가능한 일수 • 출하 물량을 지금까지 평균치를 사용한다 • 수식은 다음과 같다 • 출하 대응 일수 = 현재 재고÷1일 평균 출고량
조달 리드 타임	발주부터 납입까지 출하가 가능해질 때까지의 날짜 (부품의 경우 출하 가능해질 때까지 납입 후 제품이 되기까지의 기간이 필요하다.)
재고 일수	• 한 번의 발주로 발주 가능해지는 날짜 • 이 수치가 크며 클수록 발주 간격이 길어진다.

① 출고 작업 종료

⇩

② 출하 대응 일수 계산

⇩

③ 출하 대응일에 조달 리드 타임을 비교
※수치가 같거나 적을 경우에는 ④번으로

⇩

④ 발주량을 계산한다

⇩

⑤ 발주 처리

◆비정기 비정량 발주 방식의 흐름

비정기 비정량 발주 방식은 발주하는 단계에서 다음의 발주량을 계산하는데 정기 비정량 발주 방식보다 간단하다. 이때 '**과거 1일 평균 출고량**'을 계산한다. 이때 계산으로 수요 변동에 맞춰 다음 차수 발주량을 바꿀 수 있다.

참고로 **발주 방식 이미지**는 다음 그래프에 나온 대로이며 여기서는 발주 리드타임을 5일, 재고 일수는 8일로 정했다.

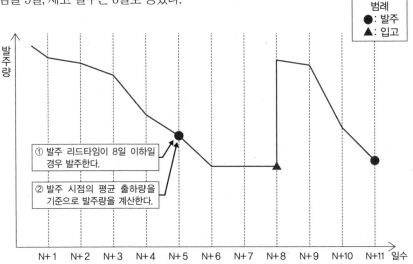

◆비정기 비정량 발주 방식을 채택한 경우 발주에서 입고까지의 흐름(예시): 그래프 형식

그래프만으로 비정기 비정량 발주 방식을 나타내면 굉장히 알기 어렵기 때문에 일별 추이를 알 수 있는 표와 함께 설명하겠다.

◆비정기 비정량 발주 방식을 채택한 경우 발주에서 입고까지의 흐름(예시): 표 형식

순서	수량	N일째	N+1일째	N+2일째	N+3일째	N+4일째	N+5일째	N+6일째	N+7일째	N+8일째	N+9일째	N+10일째	N+11일째
1	출하량(개)	30	30	10	20	40	25	50	0	50	10	60	40
2	재고량(개)	300	270	260	240	200	175	125	125	275	265	205	165
	이하는 매일 계산												
3	일 평균 출고량(개)	30	30	20	20	25	25	30	25	29	27	30	31
4	출하 대응 일수(일)	10일	9일	13일	12일	7일	**5일**	3일	3일	8일	8일	7일	**5일**
5	발주에서 납품						●1일 평균 출하량 × 재고 일수 =25개×8일 =200개 발주 ▶▲250개 입고 〈발주에서 입고까지 3일〉						○○개 발주

65

앞의 표에서 가로에는 일수, 세로에는 각각의 계산, 발주 작업을 표시하고 있다. N+1일째를 보면 출하량(항목 1)이 30개로 이전 재고량(항목 2)이 300개이기 때문에 그날의 재고량은 270개가 된다. 또한 1일 평균 출고량을 계산하면 30개가 되기 때문에 남은 9일 동안 출고가 가능하다고 예상할 수 있다.

N+5일째가 되면 출하 대응 일수(항목 4)가 5일이기 때문에 조달 리드 타임과 마찬가지로 일수가 같아져 이때 발주를 하게 된다. 앞에서 말했듯 주문량을 계산하여 이 표에서 200개를 주문하기로 해보자. 현재 일일 평균 출고량에서 남은 5일 동안은 재고가 부족하지 않다. 또한 3일 후에는 입고 예정이므로 계속 재고 부족 걱정 없이 재고 관리를 관리할 수 있을 것이다.

다음 입고는 N+11일째이다. 그리고 이때 발주량은 1일당 평균 재고량이 31개 증가(=수요가 늘고 있다)하기 때문에 이전 주문보다 많은 248개를 발주 처리하게 된다(표에서는 생략하고 있지만, 계산 방법은 N+5일째와 동일하다).

비정기 비정량 발주 방식은 그 외에 3가지 방식과 비교하기 때문에 번거롭다. 하지만 필요할 때 필요한 만큼 발주하고 재고량을 조정할 수 있다는 점에서 적정 재고 관리 실현에 큰 힘이 된다. 반면 재고 관리가 시스템화되지 않은 곳에서 이 방식을 도입하면 엄청난 수작업을 해야 하고 필요 이상으로 재고 관리 스태프를 고용해야 하므로 관리 비용이 늘어날 우려가 있다.

그러므로 발주 방식을 안이하게 결정하지 말고 **사내 시스템 사정이나 재고 관리 업무 체제에 알맞은 방식으로 채택하는 것**이 중요하다. 또한 재고 관리 시스템을 담당하는 엔지니어도 고객의 요구를 그대로 받아들이지 말고 고객의 요구와 재고 관리 상황을 파악하여 고객에게 알맞은 시스템을 제안하는 것도 담당자의 중요한 역할이다.

4-5 경제적 발주량(EOQ)의 개념

적정량 발주를 실현하여 회사 전체의 비용을 낮추도록 노력하자

▌EOQ의 개념

재고 관리의 중심인 발주 업무는 다양한 변수가 뒤엉켜 있기 때문에 복잡하다. 발주량을 늘려서 발수 횟수를 줄이면 발주 비용은 삭감할 수 있지만, 창고나 관리 센터 내의 보유 재고량은 늘어나게 되므로 재고 유지 관리 비용이 증가한다. 반대로 재고 유지 관리 비용을 줄이기 위해 발주량을 줄이고 발주 횟수를 늘이면 다음에 발주 비용이 늘어나게 된다. 이들의 관계성을 정리한 표는 다음과 같다.

◆발주 비용과 재고 유지 관리 비용의 관계성

	발주 횟수가 많다 (= 최소 단위 주문)	발주 횟수가 적다 (= 대량 주문)
발주 비용	발주 횟수가 많기 때문에 발주 비용이 늘어난다.	발주 횟수가 적기 때문에 비용이 줄어든다.
재고 유지 관리 비용	재고품이 적기 때문에 재고 유지 관리 비용을 줄일 수 있다.	재고를 대량으로 보유할 때가 있어 재고 유지 관리 비용이 늘어난다.

여기서 말하는 발주량과 발주 비용의 균형을 맞추기 위해 **EOQ**(Economic Order Quantity: 경제적 발주량)라는 개념이 있다. EOQ의 전제는 정량 발주이다. 정해진 양을 월 몇 회 발주할지 생각하여 발주 비용과 재고 유지 관리 비용을 저울질하면서 적절한 발주량을 구하는 것이다.

EOQ의 설명에 들어가기에 앞서 우선 발주 비용과 재고 유지 관리 비용에 대해 구체적으로 알아보려고 한다.

발주 비용

발주 비용은 전표나 서류 작성에 관련된 사무용품, 소모품 비용 원재료와 상품 입고 시 들어가는 작업비, 배송과 운반에 관련된 배송비 등 발주 1회당 발생하는 비용을 가리킨다. 일정 기간 동안 1회당 발주량을 늘린다면 그만큼 발주 비용은 줄어든다. 반대로 1회당 발주량을 줄이면 발주 비용은 늘어나게 된다. 즉 **1회당 발주량과 발주 비용은 반비례 관계에 있다**고 말할 수 있는 것이다. 이를 그래프화 하면 다음과 같다.

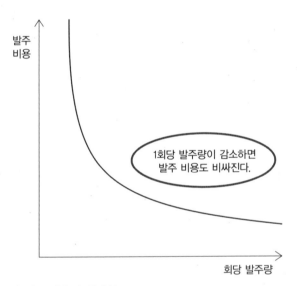

◆회당 발주량과 발주 비용의 관계성

또한 연간 발주 비용은 실적 기준으로 관리해도 되지만, 다음 분기 이후에는 재고 계획이 대폭 변경될 수도 있다. 이때 계획치 기준 연간 발주 비용은 다음 계산식으로 산출한다. Q는 1회당 발주량을 의미한다.

◆계획치 기준 연간 발주 비용의 계산식

$$연간\ 발주\ 비용 = \underbrace{\frac{연간\ 필요량}{Q}}_{연간\ 발주\ 횟수} \times 1회당\ 발주\ 비용$$

재고 유지 관리 비용

재고 유지 관리 비용은 재고로 보유하는 데 드는 보험료나 보관 관련 재고 관리 담당자의 인건비, 창고나 관리 센터의 비용을 말한다. 예상할 수 있을지 모르지만 재고 유지 관리 비용은 **재고량과 비례하여 금액이 늘어난다**. 또한 회당 발주량이 많으면 그 분량이 늘어나고, 발주량이 적으면 그 분량이 적어진다. 이를 발주 비용과 마찬가지로 그래프로 나타내면 다음과 같다.

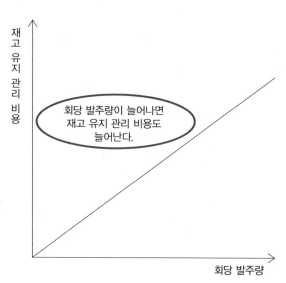

◆회당 발주량과 재고 유지 관리 비용의 관계성

발주 비용과 마찬가지로 기획 수치를 바탕으로 연간 재고 유지 비용을 구할 때
는 다음의 계산식 대로 계산한다. 또한 마찬가지로 Q는 회당 발주량을 의미한다.

◆ **계획치 기준 연간 재고 유지 비용 계산식**

$$\text{연간 재고 유지 관리 비용} = \underbrace{\frac{Q}{2}}_{\text{연간 발주 횟수}} \times \text{개당 연간 유지 관리 비용}$$

계산식에서 평균 재고량을 계산하기 위해 Q÷2를 했다. 예를 들어 1회 발주량이
1,000개라고 하고 창고나 관리 센터의 재고가 0개였을 때 물품이 입고되었다고 하
자. 입고된 순간의 재고량은 1,000개로 늘어난다. 그리고 그다음 차례차례 출고되
어 언젠가 다시 재고가 0개가 된다. 이는 다시 정기 발주로 이어져 재고량은 다시
1,000개가 된다. 즉 평균 재고량은 발주의 절반으로 간주하기 위해 Q÷2를 하는
것이다.

여담이지만 규모가 큰 기업에서는 재고 대비 자본 비용을 높이는 경우도 있다.
그 이유는 재고를 보유하지 않고 다른 사업에 투자하면 이익이 나거나 돈이 된다
는 생각에서 높이는 것이다. 이와 같이 공통적인 인식·평가를 하게 되면 과도한
재고 유지 관리 비용은 낭비라고 생각하게 되고, 기업은 개선을 위해 노력하게 되
는 것이다.

EOQ 산출 방식

EOQ는 앞서 언급한 발주 비용과 재고 유지 관리 비용을 합산한 총 비용이 최소
화되는 1회당 발주량을 의미한다. EOQ를 산출할 때는 발주 비용과 연간 재고 유지
비용을 계산해야 하며, 그 수치를 산출한 후 다음 계산식에 근거해 EOQ를 산출한다.

◆EOQ 산출식

$$EOQ = \sqrt{\frac{2 \times @발주\ 비용 \times 연간\ 필요량}{@연간\ 재고\ 유지\ 비용}}$$

이를 그래프화 하면 다음과 같다.

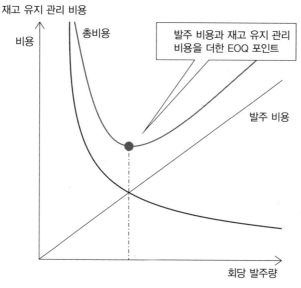

◆그래프로 알아보는 EOQ의 산출 방식

EOQ는 발주 비용 및 재고 유지 관리 비용의 총비용이 가장 적은 1회당 발주량을 의미한다. 위 그림의 검은색 점과 같은 균형점을 산출하고 이를 바탕으로 발주 관리를 하면 회사 전체의 비용 감소로 이어진다.

ABC 분석에 기초한 발주 규칙 책정

평가축을 정한 다음 분류하여 효율적으로 관리하기 위한 분석법

┃ABC 분석의 개요

회사에서 취급하는 상품수가 적다면 단일적인 발주 방식을 반복해도 문제가 없지만 사업 규모가 커지면 그에 맞게 취급하는 상품수도 늘어나 상품별 발주 방식을 채택할 필요성이 생긴다. 또한 상품 발주 방식을 채택하여 결품이나 품절 같은 기회 손실 방지로도 이어져 회사 전체에서 긍정적인 영향이 생기는 것이다.

이를 실현하는 방법 중 하나로 기업 실무에서는 **ABC 분석**이라는 방법을 실시한다. 이번 페이지에서는 성품별 발주 방식을 채택할 때 필요한 ABC 분석에 대해 소개하겠다.

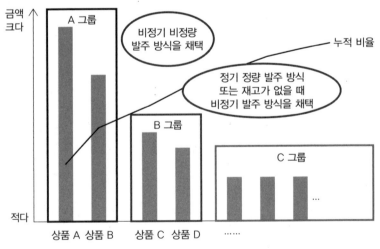

◆ABC 분석 그래프의 예시

ABC 분석은 상품 판매로 얻을 수 있는 매상이나 이익을 근거로 기업 단독의 평가축을 정하고 그 상품의 누적 구성 비율이 높은 순서대로 세 그룹으로 나누어(예를 들면 A, B, C와 같은 그룹을 의미한다) 분석하고 관리하는 방법이다. 상품별로 중요성을 수치화하여 우선 순위를 명확히 함으로써 각 그룹에 맞는 최적의 발주 방식을 채택하는 것이다. 72쪽의 그림이 ABC 분석의 예시이다.

ABC 분석 그래프상에서 상품 A와 상품 B를 포함한 A 그룹이 가장 금액이 크다(앞서 말한 것처럼 실무상으로는 상품 판매에서 얻을 수 있는 매출이나 이익 등을 사용한다). 그러므로 여기서는 A 그룹이 가장 중요하므로 재고가 떨어지지 않도록 항상 인식하고 관리할 필요가 있다. 재고 관리 담당자에게 여력이 있다면 4-4에서 소개한 비정기 비정량 발주 방식을 채택해 언제든 필요량을 조달할 수 있도록 준비해야 한다.

B 그룹은 A 그룹에 비해 중요성은 낮지만, C 그룹(실무상에서는 세세하게 분류하는 경우도 있으니 세세하게 분류할 경우 C 그룹 이하의 모든 그룹이 해당된다)보다는 중요성이 높다. 이런 그룹에는 발주하는 것을 잊지 않도록 정기 정량 발주 방식을 채택하거나 재고가 끊겼을 때 비정기 발주 방식을 채택하는 쪽이 좋을 것이다.

마지막은 C 그룹이다. C 그룹의 상품은 A 그룹, B 그룹과 비교했을 때 상대적으로 중요성이 낮다고 판단할 수 있다. 취급하는 상품의 개수에 따라 다르지만, 재고 관리 담당자의 여력이 없다면 재고가 다 떨어진 후에 발주하는 식으로 운용하면 좋다. C 그룹은 매출이나 이익은 있지만 전체에서 차지하는 비중이 작아서 재고 관리의 관점에서 보았을 때 그다지 중요하지 않다. 따라서 상황에 따라서는 매출이나 이익을 기대할 수 있는 상품의 도입을 검토하거나 판매를 중단하는 결단도 필요하다.

┃ABC 분석의 실행 순서

ABC 분석을 실행하는 순서는 굉장히 단순하며 다음과 같이 작업을 진행한다.

① 판매 실적 데이터 수집
② 매출 이익이 큰 순서대로 상품을 나열
③ 누적 비율 산출
④ 분류

우선 ①부터 살펴보자. 분석하는 데 필요한 데이터를 수집한다. 시스템화가 진행되고 있는 기업은 6장에서 설명하는 판매 관리 시스템에서 데이터 출력이 가능해야 한다. 그리고 상품 판매 시스템화가 완전히 이루어지지 않은 기업은 엑셀이나 액세스 시트로 판매 관리를 하는 경우도 있을 것이다. 그 경우 엑셀이나 액세스로 된 판매 실적 데이터를 사용하여 매출이나 이익이 큰 순서대로 각 상품을 나열한다. 계절적 요인(할인 캠페인 등도 포함)을 제외하고 싶은 경우에는 전월 데이터가 아니라 전년의 각 달 데이터를 사용하여 추세 분석도 함께 실시하도록 하자.

②의 매출 이익이 큰 순서대로 나열한 후에는 전체 상품 중 각 상품의 비율을 산출한다. 상품 A, 상품 B, 상품 C를 취급하는 기업에서 상품 A의 매출 비율을 구하는 경우는 다음과 같은 식으로 이루어진다.

> 상품 A 매출 ÷ (상품 A의 매출 + 상품 B의 매출 + 상품 C의 매출)

앞에서 언급한 바와 같이 대상 기간은 전년이라도 상관없고 전월이라도 상관없다. 하지만 대상 기간이 다르면 전혀 다른 결과가 나오므로 **각 상품의 매출 대상 기간을 맞추도록 하자.**

각 상품의 매출 비율을 구한 뒤 비율이 큰 순서대로 나열하고 분류하여 언급된 ③개의 누적 비율을 나타낸다. 업계, 업종, 기업마다 판단하는 바는 다르겠지만 분류할 때 한 가지 판단 기준으로 A 그룹은 누적 비율이 70%까지의 상품을, B 그룹은 누적 비율이 70%에서 90%까지의 상품을, C 그룹은 누적 비율이 90%에서 10%

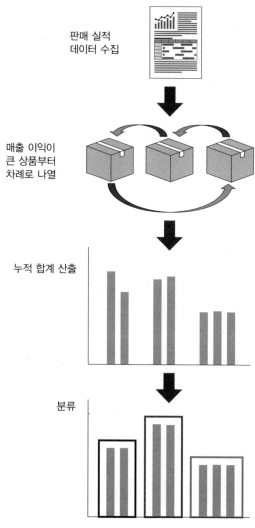

판매 실적
데이터 수집

매출 이익이
큰 상품부터
차례로 나열

누적 합계 산출

분류

◆ABC 분석의 순서

까지의 상품을 대상으로 한다.

그리고 ④의 그룹에 따라 ABC 분석을 실시하고, 이 장에서 설명한 발주 방식을 상품별로 생각한다. 이 ABC 분석은 이탈리아 경제학자 빌프레도 파레토가 제창한 '파레토의 법칙'이라 불리는 통계 모델을 기초로 하고 있는데, 파레토의 법칙은 전체 통계 모델의 일부분이다. 이 요소가 큰 영향을 미친다는 생각으로 재고 관리 실무에 응용하면 판매 실적 상위 20%의 상품이 전체 매출의 80%를 차지하게 된다. 재고 관리 실무상 매출의 실수가 없도록 버퍼를 쌓아 두고 있지만, 누적 비율 90%까지 A 그룹, B 그룹을 극진히 관리하는 것은 이처럼 이론적인 배경이 있기 때문이다.

제 **5** 장

재고 관리
관련 시스템(1)
-생산 관리

생산 공정의 관리

BOM이나 PLM의 도입으로 일원 관리, 환경법 규제에도 생산 공정 초기 단계부터 대응하자

▌생산 공정 관리가 필요한 작업

공장을 대표하는 생산 거점에는 다양한 설비가 있고 수많은 공정이 있다. 생산 거점에서는 다양하고 많은 종류의 원재료, 상품을 관리하고 있고 생산 공정 일부는 타사에 위탁하거나 제조 공정을 자사의 거점 밖에서 관리하는 경우도 있다. 원재료의 공급업자도 한 회사와만 거래하는 경우는 적고 여러 업체에 발주하여 납기를 관리한다, 생산 공정에서 관리해야 할 대상은 굉장히 다양하며 취급 제품이 많아질수록 더욱 복잡해진다.

제품마다 **BOM**(Bill Of Materials: 자재 명세서)에 따라 생산에 필요한 부품과 자재 수량을 계산하고 생산 공정을 설정한 후 생산 거점의 설비를 고려하여 생산 계획을 세울 필요가 있다.

여기서 세운 생산 계획을 기준으로 계획을 확정하게 되면 **자재 소요량 계산** (MRP, 생산에 관련된 반제품·부품·재료에 대한 계획 책정)에 대한 인풋이 되고 그 계산 결과는 **소요량 전개**(주문을 바탕으로 생산에 관련된 부품, 재료의 소요량 산출), **제조 지시**(제조 담당자에게 언제 어떤 품목을 어디로 얼마만큼 생산할 것인지를 지시하는 정보), **구매 지시 의뢰서**(재료와 부품을 구입할 때 구입품에 대한 의뢰서)를 생성하게 된다. 이때 제조 지시를 좀 더 세세하게 가공 순서·조립 순서 등 구체적으로 작업할 수 있도록 순서를 만들어야 현장에서도 더 구체적인 지시가 가능해진다.

▮BOM 관리와 공정 순서 설정

각 제품에는 '제품을 구성하는 요소'가 정해져 있고 이를 BOM 또는 자재 명세서라 부른다.

BOM은 **제품을 제조하는 데 필요한 부품을 효율적으로 관리하기 위해** 작성하는데 BOM을 통해 필요한 구성 부품을 리스트업하면 각 부품을 준비하는 기간이나 재고를 정확하게 파악할 수 있다. BOM의 관리 방법은 '**서머리(Summary) 타입**'과 '**스트럭처(Structure 타입)**' 두 가지로 분류할 수 있다.

서머리 타입

제품 제조에 필요한 부품(자재)을 병렬로 정리한 부품표를 말한다. 제품 가공이나 조립 순서에 관계없이 필요한 부품을 목록으로 만들어 준비하기 쉽게 만들어 개발 설계 단계의 자재 명세서로 사용하고 있다. 또한 부품 추가나 사양 변경이 필요한 경우에도 유연하게 대응할 수 있다는 장점이 있다.

스트럭처 타입

제품의 조립 순서에 맞춰 친품목·자품목 등의 친자 관계를 계층 구조로 관리하는 부품표를 말한다. 여기서 친자 관계란 완제품을 '부모', 더 조립해야 하는 가공품을 '자' 그리고 더 가공해야 하는 원자재를 '손자'와 같이 분류할 수 있다. 스트럭처 타입으로 관리하면 제품이 완성될 때까지 가공 순서나 예상 공정 수, 리드 타임을 계산하기 쉽다. 그렇기 때문에 스트럭처 타입은 생산 스케줄, 생산 지시, 공정 관리, 부품·자재 조달에 활용한다. 자전거를 예로 들면 구성 부품은 자전거 차체, 조타 장치, 구동·주행 장치 등으로 분류되며, 차체는 프레임과 포크와 같은 '자녀' 부품으로 구성된다. 다음 그림에서는 휠 2개를 제조하기 위해 '자녀' 부품의 허브와 림, 타이어가 각각 2개씩 필요하다는 것을 보여 준다.

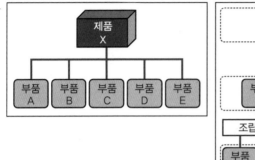

서머리 타입 BOM

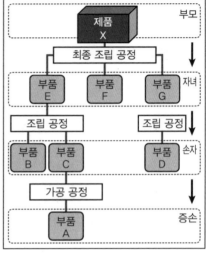

스트럭처 타입 BOM

◆ BOM 관리방법

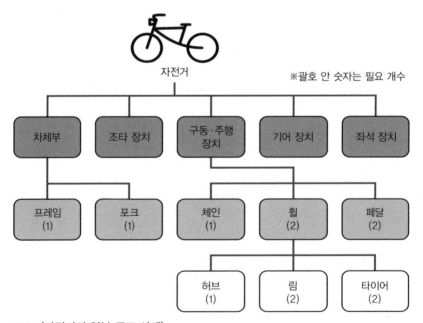

※괄호 안 숫자는 필요 개수

◆ BOM(자전거의 일부 구조 사례)

▎제조업에서의 BOM 분류

업종이나 그 형태에 따라 종류는 다양하겠지만 제조업에서 BOM을 크게 분류하면 설계 단계의 **E-BOM**(Engineering-BOM: 설계 부품표)과 제조 단계의 **M-BOM**(Manufacturing-BOM: 제조 부품표)으로 나눌 수 있다.

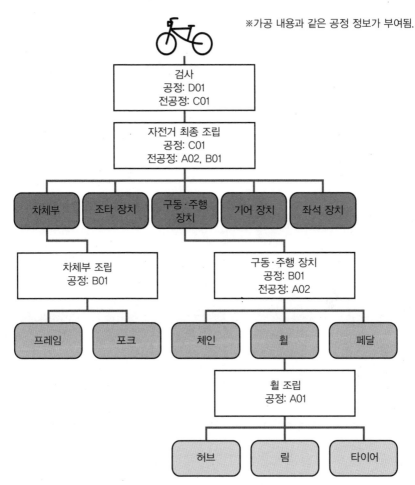

※가공 내용과 같은 공정 정보가 부여됨.

◆M-BOM(자전거의 일부 구성 예시)

※괄호 안 숫자는 필요 개수

E-BOM(설계 부품표)

E-BOM는 설계 단계에서 설계도 정보를 기초로 사양을 충족시키는 부품 구성 정보(부품표)를 말한다. 대부분의 제조업에서는 CAD와 같은 설계 정보에서 정의한 친도면과 부품 도면, 부품 도면의 구성 품목으로 E-BOM이 만들어지며 부품이 필요한 수량이나 사양, 기술 정보 등이 기재된다.

M-BOM(제조 부품표)

조립 순서나 가공 공정 등에 기재되어 있는 부품표를 M-BOM이라고 한다. 설계 부서에서 받은 부품표에 가공 내용과 같은 필요한 정보를 추가하고 공정 과정에서 작업 표준 시간, 인건비 단가, 수율(收率), 라운딩 등이 정의되고 생산 계획이나 제작 지시, 가공 리드 타임을 고려한 부품을 수배할 때 사용한다.

사실 설계 단계에서 사용하는 E-BOM 그대로는 생산 공정에서 사용할 수 없다. 제조 공정이나 설비를 고려하여 조립 순서를 추가하고, E-BOM 정보를 베이스로 가공 내용과 공정 순서 등을 설정한 M-BOM을 작성한다. 80쪽의 그림(스트럭처 타입 BOM)은 부품 C가 부품 A를 가공 공정에서 가공하여 완성하고, 부품 E는 부품 B와 부품 C를 조립 공정에서 조립하여 완성되며, 제품 X는 최종 조립 공정을 거쳐 완성되는 예이다.

M-BOM은 회사 내부에서 필요한 재료의 양을 계산하고, 외주 발주의 계산, 구매품 발주 계산이 가능하게 구성한다. 데이터 취급에서는 친품목과 자품목의 관련성을 표시하기 위해 **품목 데이터와 제품 구성 데이터** 두 가지의 마스터 데이터를 구성한다. 공정 정보는 **공정 데이터**로 등록한다.

품목 데이터, 공정 데이터는 각각의 데이터에 대해 중복되지 않도록 명칭과 번호가 필요하다.

◆ M-BOM의 데이터 취급

품목 데이터	품목 코드, 품목명, 계량 단위 등의 속성을 정의한 것 (제품, 반제품, 부품, 원자재 등)
제품 구성 데이터	상품 간의 관계를 정의한 것
공정 데이터	어떤 품목의 공정 순서나 공정 등을 정의한 것

▌E-BOM과 M-BOM의 연계

다양한 이유로 인해 자품의 설계 내용을 재검토하고 구성 품목을 변경하는 경우가 있다. 설계 변경으로 인한 E-BOM이 수정될 경우 **그 최신 정보와 관련된 M-BOM과 연계할 필요가 있다.** E-BOM부터 M-BOM 사이에 정보 연계가 자연스럽지 않으면 제조 공정에서 여러 폐해가 발생하기 때문에 설계 부서와 제조 부서 사이의 변경 전달이 용의해야 한다. 변경 전달이 용의하지 않을 경우 되도록 설계 변경이 발생되지 않도록 작업 흐름을 도입하여 변경에 따른 수작업의 위험을 회피하여야 한다. 이 경우에는 설계 부서에서 제조 부서로 정보가 전달되기까지의 시간이 길어져 제품 전체의 리드 타임이 길어지게 된다.

설계 변경 BOM 연계를 수작업으로 해야만 하는 경우(E-BOM과 M-BOM을 구축, 관리하는 시스템이 각각 다른 경우 등)에는 상당한 인적 공정 과정이 필요하다. 작업의 효율화, 밀도 향상을 목표로 하기 위해서는 **BOM 데이터화·일원 관리가 가능한 구조 도입**이 중요하다. 실시간으로 변경 정보를 연계할 수 있기 때문에 빠르게 제조 부서로 BOM 정보를 공유할 수 있고 제품 개발 전체의 조달 기간이 단축될 수 있다. E-BOM, M-BOM에서 필요한 정보를 포함하여 BOM 구성 정보나 각 공정의 추가 정보를 하나로 관리하기 위한 **PLM**(Product Lifecycle Management: 제품 수명 주기 관리)과 **PDM**(Product Data Management: 제품 데이터 관리)의 도입이 진행되고 있다.

| PLM과 PDM

품목 관련 데이터에는 PLM 시스템 또는 PDM 시스템이라 불리는 패키지 시스템이 사용된다. PLM·PDM 시스템에 CAD 데이터와 각 공정 BOM 데이터를 등록하여 생산 관리에 필요한 데이터를 한 번에 관리할 수 있다. 여기서 관리하는 데이터를 기간 시스템(ERP)과 연계함으로써 제조 계획 책정이나 재무 관련 업무의 효율화를 기대할 수 있다.

PLM은 기업의 이익을 극대화하기 위한 목적으로 제품 기획 설계부터 생산, 판매, 폐기까지 라이프 사이클 전체에 걸쳐 제품 정보를 일원화하여 관리하는 생산 프로세스를 말한다. 제품 기획부터 폐기까지 일련의 공정을 통해 필요한 정보를 서로 관련지어 관리하고 공유함으로써 품질 향상과 비용 절감을 실현할 수 있다.

PLM을 실현할 때는 각 부서에서 공정별 데이터를 관리하는 기능(문서 관리, 부품 관리, 구성 관리, 설계 변경 관리 등)과 함께 각각의 데이터를 연계하는 기능까지 여러 기능이 필요하다.

이 시스템의 핵심은 제품 라이프 사이클의 상위 부분인 CAD 데이터와 부품표

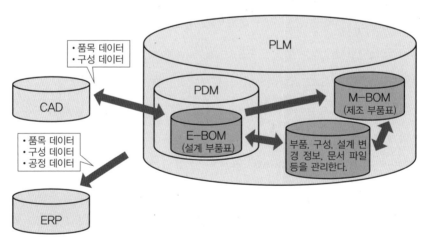

◆PDM 기능을 포함한 PLM 패키지의 구성 이미지

등 설계 성과물을 관리하는 PDM이라는 시스템이다. PLM 시스템은 제품 라이프 사이클에서 사용되는 모든 데이터가 대상인 데 반해 PDM 시스템은 CAD 데이터 등 개발 설계 단계의 문서 파일이 대상이다.

어떤 제품들은 PLM 패키지로서의 기능도 동시에 포함하면서 PDM 시스템에서도 개발·설계 이외의 데이터를 관리할 수 있기도 하다.

▌글로벌 환경법 규제에 대한 대응

제조업을 중심으로 하는 기업이나 사업체에서는 화학 물질이 원재료로 쓰이기 때문에 중요한 경우가 많은데, 이 화학 물질을 둘러싼 환경은 시시각각 변화하고 있다.

또한 유럽의 RoHS(Restriction of Hazardous Substances) 지침이나 REACH (Registration, Evaluation, Authorization & Restriction of Chemicals) 제도를 비롯하여 세계 각지에서 화학 물질에 대한 환경법 규제가 공포·시행되고 있는데 이러한 규제나 동향에 맞춰 신속하고 확실하게 자사 제품이 포함된 화학 물질을 관리하는 일은 사업 존속을 위해 중요한 과제라고 생각한다.

하지만 함유 화학 물질 관리가 제품 설계 시스템과 별도로 구성되어 있는 경우 제품 설계가 끝나고 M-BOM이 확정될 때까지 즉 제조 단계가 끝날 때까지 환경법 규제에 대응하기가 곤란하다.

일반적으로 설계 종료 후에 품질 보증, 환경 대응 부문이 제품의 함유 화학 물질 조사에 착수하여 법 규제 대응 여부를 판정하게 되는데 여기서 문제가 있을 경우 초기 단계로 돌아가 다시 설계해야 할 수도 있다. 그리고 이는 납기 지연으로 인해 고객과의 신뢰 상실, 시장 도입 지연으로 인한 기회 손실을 초래할 수 있다.

따라서 제품 개발에 속도를 올리고 효율화와 정확성을 향상시키기 위해서는 **개발 프로세스 초기 단계에서부터 환경법 규제에 대한 대응을 고려할 수 있는 개발 체**

제 구축이 반드시 필요하다고 할 수 있다.

이를 위해서는 **PLM 시스템상에서 제품 정보와 함유 화학 물질 정보를 하나로 관리하는 것**이 효과적이다. 이렇게 하면 각 부문에서 정보를 공유하여 제품 설계의 초기 단계부터 함유 화학 물질 조사가 가능한 체제가 되는 것이다.

이는 개발 초기에 규제법 대응 여부를 판정할 수 있고, 원재료 선정 단계라면 법 규제 적합 품목만을 선정 대상으로 할 수도 있는 등 환경 규제법에 적합한 제품 개발을 효율적으로 추진할 수 있게 한다.

5-2 생산 계획안 및 제조 지시 발행

생산 계획에 사용되는 시스템과 생산 관리법 MRP · 제조 번호
관리의 이점을 살리다

생산 관리 거점 내의 로케이션 코드 설정

시스템을 이용하여 생산 계획안을 실행하려면 생산 거점과 원재료에 대한 정보
데이터를 관리할 필요가 있다.

'어디에 무엇이 있는가'를 데이터로 취급하여 각 위치에 코드를 부여하고 재고
정보를 관리하려면 재고 관리 대상 거점과 각 거점 내의 로케이션에 대해 망라해
코드 설정을 할 필요가 있다.

생산 거점 내에서 재고가 있는 곳은 창고와 같은 수납 설비, 생산 현장 내의 생
산 라인 근처에 두는 장소가 있다. 수납 설비에는 완성된 제품이나 공정에 투입될
때까지 수납되는 중간품이나 원재료가 보관되고, 제조장 등의 생산 라인에도 중간
품이나 원재료가 보관된다.

제조장에 여러 개의 제조 라인이 있고 라인마다 재고 창고가 존재하는 경우에
는 그 라인을 구별할 수 있도록 **로케이션 코드**를 설정한다. 하지만 원재료나 중간
품의 임시 보관 시간 등이 매우 짧다면 관리 대상에서 제외해도 문제가 없다.

설정한 로케이션 정보와 거점 내 제조 설비 정보는 **제조 리소스 마스터**로 관리
한다.

생산 계획과 그 분류

생산 관리를 실시할 대상으로 **생산 계획**을 할 필요가 있다. 일본 산업 규격(JIS)
에서는 기간별 생산 계획을 '생산량과 생산 시기에 관련된 계획'이라고 정의하고

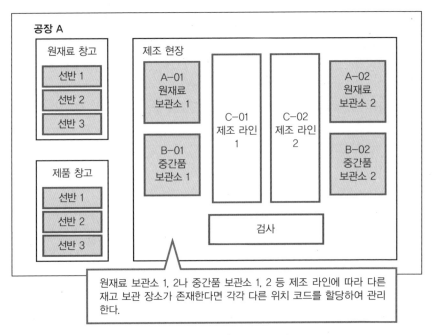

공장 A

원재료 창고
- 선반 1
- 선반 2
- 선반 3

제품 창고
- 선반 1
- 선반 2
- 선반 3

제조 현장

A-01 원재료 보관소 1

B-01 중간품 보관소 1

C-01 제조 라인 1

C-02 제조 라인 2

A-02 원재료 보관소 2

B-02 중간품 보관소 2

검사

원재료 보관소 1, 2나 중간품 보관소 1, 2 등 제조 라인에 따라 다른 재고 보관 장소가 존재한다면 각각 다른 위치 코드를 할당하여 관리한다.

◆재고 보관 장소(생산 관리 부문 내 로케이션)

있다. 판매 관리 시스템이 가진 판매 계획 생산 의뢰에 기초하여 '얼마 만큼의 양을 언제까지 생산할 수 있을까'를 각 제품마다 계획한다.

이 계획이 바르게 작성되지 않으면 재고 과부족이 발생하거나 제조를 실행하기 위한 부품 조달에 혼선이 생기고 납기 기한을 맞추기 어려워지는 사태가 발생할 수 있다. 그렇기 때문에 제조업에서 생산 계획은 중요성이 너무나도 높은 분야이다. 생산 계획은 기간별로 분류하면 다음 세 종류로 나눌 수 있다.

연간 계획	• 경영 계획에 근거하여 세워지는 생산 계획 • 6개월에서 1년 정도 기간의 생산 계획을 의미한다. ⑩ 자금, 인사 계획, 설비 도입 계획 등
월간 계획	• 1~3개월 정도의 계획 기간 • 매주 또는 매월 생산량과 관련된 계획을 재검토한다. ⑩ 수주 상황에 따른 월별 생산 계획, 부품(원재료)의 조달 계획 등
주간 계획	• 1주~1개월 정도의 계획 기간 • 매월 또는 매주 재검토한다. ⑩ 직원의 작업 스케줄 등

이러한 계획은 안정적인 생산 관리를 위해 매우 중요하지만 모든 것이 계획대로 진행되는 경우는 드물다. 따라서 일반적으로 연도 계획이나 이전 월별 계획을 적시에 변경하면서 매월 계획을 재검토한다.

또한 앞 페이지의 표에서 이야기한 대로 주간 계획은 매일 품목별 설비 할당, 대체 설비의 설정, 각 설비와 품목별 조합에 따른 표준 시간 등을 고려해 효율적인 제조 지시를 내릴 필요가 있다.

구체적으로 말하자면 '9~12시 사이에 도장 공정을 실시한다.'는 식으로 기계나 사람 등의 자원이 수행하는 작업의 양을 시간 축상에 배치한다.

그래서 주간 계획은 생산 계획 종류 중에서 가장 복잡한 계획이며 충분한 지식이 필요하기 때문에 숙련된 현장 담당자에게 맡기는 경우가 많다. 개인의 재량에 의존하지 않고 누구나 개선할 수 있도록 하기 위해서는 **상세한 순서 계획이나 설비 할당까지 시스템에서 실시**할 필요가 있다.

참고로 주간 계획 입안을 위해 사용되는 시스템은 **스케줄러**라고 부른다.

▌스케줄러를 이용한 주간 계획 입안

스케줄러에서는 인사·설비와 같은 자원, 생산량을 비교하여 필요한 리소스를 할당할 수 있다.

적절한 시간 배분이나 재고 할당, 설비·직원 할당, 순서의 최적화 등은 설정된 룰에 기초하여 자동 작성시킬 수 있다. 규칙은 여러 작업을 어떤 순서로 나열할지 결정하기 위한 조건을 붙이는 것으로, **로직**이라고도 한다.

공정 사이에 쓸데없는 대기 시간을 줄이고 리드 타임을 단축시키기 위해 현장의 요구를 제대로 분석하고 규칙을 적절하게 구성하는 것이 중요하다. 예를 들어, 특정 품목에만 사용할 수 있는 전용 설비에 공용 설비에서도 제조 가능한 품목의 계획이 할당되어 있다면 공용 설비를 사용하도록 계획해야 한다. 또한 여러 제품의 스케줄을 작성할 때는 납기를 고려하여 우선 제조 품목에서 계획을 할당해야 한다.

그래서 여러 패턴의 계획 시간을 비교하여 계획 시간이 짧아지는 쪽으로 계획 입안을 할 필요가 있다. 준비 시간은 항상 일정한 시간이 아니라 그 직전에 가공한 제품에 따라 달라질 수가 있다.

예를 들어 제조 품목이 품목 A→품목 B(또는 품목 B→품목 A)로 전환되는 타이밍에 설비를 사용하기 위한 준비 시간이 발생하는 경우, 설비 사용 순서를 '품목 A, 품목 B, 품목 A'로 하는 것보다 '품목 A, 품목 B'로 하는 것이 준비 시간이 짧다.

▌스케줄러의 운용

생산 스케줄러는 많은 조건을 설정할 수 있는데 복잡한 설정이 가능한 반면 간단하게 사용할 수 있는 시스템은 아니다. 품목별, 설비별로 표준 시간이 다른 경우 반드시 품목별, 설비별로 설정이 적절하지 않으면 최적의 생산 계획을 도출하기 어렵다고 할 수 있다. 그래서 **한 번 등록한 마스터 정보에 대해서는 정기적으로 관리·유지하는 일**이 굉장히 중요하다. 매일 설비별 가동 시간과 가동 가능 시간을 항상 정확한 상태로 유지하지 않으면, 실태와 맞지 않는 스케줄 설정 때문에 스케줄러 운용이 정착하지 못하는 사태도 발생할 수 있다.

2023	4/3(월)			4/4(화)			4/5(수)		
	2 4 6 8	10 12 14 16	18 20 22 24	2 4 6 8	10 12 14 16	18 20 22 24	2 4 6 8	10 12 14 16	18 20 22 24
절단기 1									
가공기 1									
가공기 2									
가공기 3	긴급 보수								
조립 1									
검사									

◆스케줄러 갠트 차트 기능

90

또한 규칙 설정 누락이나 설비 비상시 스케줄러의 자동 설정으로 입안 순서 계획을 조정할 필요가 있다. 직접 손으로 하는 조정은 주로 **갠트 차트**(Gantt Chart)와 같은 기능을 담당한다.

이는 설비에서 품목별 계획이 시간표로 나뉘어져 있는 차트를 말하며, 스케줄러 화면에서 **라인 테이블**을 수동으로 움직이면서 계획을 변경할 수 있다.

당일 작업이 끝난 후에는 입안한 계획의 진행 상황을 파악하기 위해 제조 실행 시스템에서 제조 및 재고 실적 데이터를 받아야 한다. 이때 실적 데이터가 제대로 연계되지 않으면 불필요한 제조를 계획하거나 반대로 필요한 제조를 계획하지 못하는 등의 문제가 발생한다.

스케줄러에 의한 설비 할당이 이루어지고 생산 순서가 확정되면 **MRP**(Material Requirements Planning System: 자재 소요량 계획)에 연계되어 제조 지시가 발행된다.

▌MRP에 의한 구성 품목 소요량 계산

MRP는 1970년대 초에 미국에서 도입되어 일본에는 1970년대 후반부터 사용되기 시작했다(한국에서는 80년대에 도입되었다고 한다. 출처: http://jmagazine.joins.om/forbes/view/319422). 생산 관리 시스템의 부품이나 원재료를 계산하는 데 자주 사용되고 있으며, 생산 관리 시스템의 대부분은 이 기능을 가지고 있다.

MRP를 도입함으로 인해 적절한 자재량과 납기 산출이 가능하여 적절한 양의 발주가 가능하다. 과거 수작업으로 관리하고 있었던 시대에는 재고 부족을 막기 위해 과도하게 많은 양을 발주하였기 때문에 많은 양의 재고를 떠안고 있어야 했지만, MRP 도입으로 인해 필요한 양만큼 주문할 수 있게 되었다.

MRP는 재고 관리나 구입 관리에 필요한 재료량을 얻기 위해 제품 구성 품목별로 소요량 전개를 실시한다. 구성 품목의 **소요량 전개**는 생산 계획을 근거로 제품을 만들기 위해 필요한 구성품의 부품이나 원자재를 언제, 몇 개나 만들어야 하는지 계산하는 것이다(제품의 구성 품목 부품이나 원재료의 필요량=소요량으로 계산).

생산 계획안 결과에서 기준 생산 계획(그 제품이 언제까지 얼마나 필요한지를 결정하는 생산 계획)을 확인하면 구성 품목의 자재 소요량 계산을 실시한다. MRP 는 ERP 등 기간 시스템의 일부로 구현되는 경우가 많으며, 생산 관리에 관련된 기간 시스템의 중심 기능이다.

MRP는 BOM에 따라 생산에 필요한 제조 품목이나 구입 품목의 수량을 계산한다. 부품이나 중간 제품 단계에서 충당 가능한 재고가 있으면 이를 빼고 순소요량을 구한다. 5-1에서 설명했듯이 BOM이란 제조와 구매 품목을 말한다. 조달에 관련된 모든 품목의 구성을 정의한 부품 구성표로, 자재 소요량이 계산되면 구매 관리 시스템에 데이터가 연계돼 구매 지시나 구매 발주가 이뤄진다.

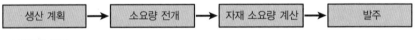

◆MRP의 흐름

┃수율을 고려한 순소요량 계산

일반적으로 제품을 제조하는 과정에서 일정 비율로 불량품을 포함하게 되므로 MRP에서는 '<u>수율</u>'을 고려해야 한다. 수율이란 어떤 품목을 제조했을 때 그중에 포함되는 양품의 비율을 말하며, 다음 식으로 계산할 수 있다.

$$\text{수율} = \text{제품 수} \div \text{양품의 수}$$

예를 들어, 필요한 제품 수가 100개이고 불량품이 나올 확률이 2%인 경우, 딱 100개의 제품밖에 생산하지 않는다면, 양품을 98개밖에 생산할 수 없다. 이 경우 확실한 양품 100개를 생산하기 위해서는 수율을 고려하여 100÷98×100≒102개를 투입할 필요가 있으므로 소요량 102개로 계산한다. 수율 또한 BOM에 등록하여 자재 소요량 계산에 활용하고 수율 데이터를 관리하여 변동 사항이 있을 때마다 재검토할 필요가 있다.

또한 위에서 계산한 소요량에 대해 이미 재고가 있거나 아직 재고가 되지 않았지만 재고가 될 예정(주문 잔고)인 소요량에서 다시 사용할 수 있는지(충당 가능한지)도 계산한 후 순소요량을 구해야 한다.

자재 소요량 계산 결과 구입 품목으로 구매 의뢰가 생성된다. 구매 의뢰는 구매관리 시스템으로 생성되어 구매 의뢰의 승인·확정을 받아 발주가 이루어지며, 자재 소요량은 원가의 집계를 위해서도 사용된다. 제조 실적이나 납품 실적에 따라 지시가 실행되었음이 확인되고, 소요량 전개와는 반대로 아래에서 위로 원가(사용 자재, 실적 근로 시간×임금률 경비)를 올려서 제조 지시별, 부문별, 제품별로 원가 적산을 실시한다.

▎MRP로 인한 자재 소요량 계산 결과에서 제조 지시를 발행한다

제품이나 각 부품의 구성 품목은 제조에 관련된 계층에 따라 제시되고 소요량이 요구된다. 예를 들어 자전거 구동·주행 장치라면 체인이나 휠, 페달 등을 조립하는 공정을 통해 부품을 조립하지만 그 구성 품목의 본체, 체인, 휠, 페달 등이 소요량에 따라 전개되며, 휠 제조 시 구성 품목을 조립하기 위한 하위 구성 품목(허브, 스포크, 타이어)이 요구된다.

이러한 구성 품목의 제조에 관련된 공정에 대해 제조 지시서가 발행되는데, 제조 지시서에서는 품목별·공정별 제품 수를 날마다 제시하며, 확정된 제조 지시서는 지시 정보로서 **MES**(Manufacturing Execution System: 제조 실행 시스템)에 연계되어 MES에서 공정·작업 진행되어 지시로 이어진다(MES에 대해서는 5-3에서 설명하겠다).

MRP와 제조 번호 관리

MRP 이외의 생산 관리법 중에서 **제조 번호 관리** 방식이라는 방법이 있다. 제조 번호 관리 방식에서는 제조 수배 시에 '제조 번호'라 불리는 관리 번호를 설정하고 계획, 발주, 작업 지시부터 출고까지 전 작업을 이 방식으로 관리한다. 제조 번호는 발주를 할 때마다 개별 번호가 바뀌고 소요량 취합이 이루어진다. 제조 번호가 바뀌면 그 구성품은 동일한 제조 번호에서만 사용할 수 있다.

MRP는 제품 구성 품목의 소요량을 전개할 때 품목 번호 단위로 원재료의 총량을 관리한다. 그렇기 때문에 **동일한 품목 번호의 원재료를 다른 제품에 대한 공통 재고로 충당할 수 있다.** 예를 들어 제품 X와 제품 Y가 동일한 부품 B로 구성된 경우, 제품 X와 Y 모두 부품 B를 가져와 제조에 사용할 수 있다.

한편 제품 번호 관리에서는 같은 품목 번호라도 제품 번호가 붙은 재고만 사용할 수 있고, 제품 X를 위해 제조되거나 조달된 부품 B는 제품 Y로 사용할 수 없다. 모든 품목에 독특한 제품 번호를 할당하는 것 외에도 부품에 대해 생산 시기(생산 월, 주 또는 일)마다 로트 번호를 부여하여 마치 제품 번호와 같은 취급을 하여 생산 시기별 수요와 공급이 정리되는 경우도 있다.

제품 번호 관리의 이점은 **제품 번호로 관리한 구성 품목이 확보되면 그 외에 제품은 사용되지 않는 점**이다. 제품 번호에서는 구성 품목이 재고 수량을 의식할 필요 없이 확실하게 생산 가능하다.

만약 조달된 제품 번호가 부착된 재고를 사용하지 않는 경우, 그 재고가 계속 체류할 가능성이 있다. MRP에서는 제품 번호가 없기 때문에 동일한 구성 품목일 경우 재조가 필요한 타이밍에 구성 품목의 재고가 할당되기 때문에 재고를 효율적으로 사용할 수 있다. 수요 변동에 대해 유연성이 있는 반면 특정 제품의 수요가 급증했을 때 구성 품목의 재고가 결품될 우려가 있으며, 같은 부품을 필요로 하는 다른 제품에도 영향을 미칠 위험이 있다.

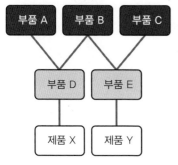

MRP(부품 중심 관리)

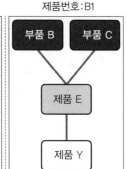

제품 번호 관리(제품 중심 관리)

제품번호 : A1   제품번호 : B1

• 품목 번호 단위로 부품 총량을 관리하므로 공용 부품은 다른 제품에서도 공통으로 사용 가능하다.
• 수요 변동에 대해 유연하다.

제품 번호 단위로 관리되어 공정마다 같은 자재를 사용하는 공용 부품이라도 제품 번호 단위로 사용하며 다른 제품 번호의 부품 유통은 이루어지지 않는다.

◆ MRP에 의한 부품 중심 관리와 제품 번호 관리에 의한 제품 중심 관리

참고로 MRP는 가전제품이나 자동차 등 예상 생산이 가능한 양산형으로, 공통 부품이나 원재료 등이 많은 생산에 적합하다.

제품 번호 관리와 MRP 각각의 장점을 살려서 각각의 방식을 병용하여 관리할 수도 있다. 예를 들면 개별 발주 생산 품목의 원재료 중 볼트와 나사, 못 등 범용성이 높은 원재료가 있다. 이러한 원재료는 MRP 방식으로 일괄 구매하고, 최종 조립부터는 수주별로 제품 번호 관리를 실시한다.

제조 공정 관리

MES가 가진 11개의 기능이 제조 공정 관리에 다양한 이점을
가져다준다

제조 공정 관리에 필요한 작업

제조 지시를 받아 순서대로 계획을 작성하고 나면 제조 현장에 지시를 내릴 수 있도록 공정별 작업 지시나 작업 순서가 필요하다. 그리고 시스템상에서 마스터 관리가 이루어지고 있다면 공정 정보는 PLM 시스템(또는 PDM 시스템)에서 가져올 수 있다(5-1 참조).

작업 지시, 작업 순서까지 시스템에서 관리·취득하는 경우에는 공정 전개 후의 작업 상세나 작업 지시서, 작업 순서서 등의 정보를 마스터로 관리할 필요가 있으며, 이러한 일련의 공정 관리, 작업 관리를 실시하고 현장에 지시를 내리는 시스템을 **MES**(Manufacturing Execution System: 제조 실행 시스템)라고 부른다.

제조 공정 관리에서 MES를 도입함으로써 인간이 실수하는 리스크가 감소하고 작업 안정화를 꾀할 수 있다. 공정 정보나 작업 정보를 가진 마스터가 제대로 정의되고 유지되지 않으면 MES가 유효하게 기능하지 않기 때문에 마스터 관리는 필수 작업이다. 다음 페이지의 그림은 제조 공정으로 절단, 연마, 접합, 도장, 조립 ①, 조립 ②, 검사 등의 공정이 전개되는 경우다.

MES와 POP

MES는 제조 공정 파악이나 관리 작업자에게 지시, 작업 지원 등을 하는 '**제조 관리 시스템**'을 가리킨다. 생산 관리 시스템이나 기간 시스템 등 정보 관리 시스템 (ERP, MRP)과 공정별 각 생산 라인에 위치하여 데이터 연계와 관리를 담당한다.

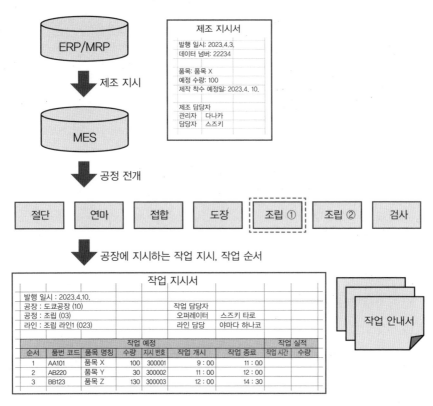

◆MES에 의한 공정 전개

MES는 제조 공정을 위한 시스템이기 때문에 제조 공장이나 재고를 관리하는 창고가 대상이다.

공장에서는 작업 효율화를 위해 터치 패널과 HT(핸디 터미널), 바코드 리더와 같은 기기가 도입되어 있으며, MES로의 데이터 수집은 **PLC**(Programmable Logic Controller) 등의 기기를 통해 이루어진다.

PLC는 외부 기기를 자동으로 제어하기 위한 장치를 말하며, PLC와 기기를 연결함으로써 입력 기기에서 나오는 신호를 받아 프로그램에 의한 제어가 가능하다. 주로 공장 설비나 기기의 제어를 하기 위해 사용된다.

또한 MES는 작업 절차 관리, 입고·출고 관리, 품질 관리, 유지 관리 등 11가지 기능이 있는데, 그 기능을 모두 사용하는 것이 아니라 필요에 따라 그 기능을 이용하는 것이 일반적이다. MESA에 의해 정의된 11가지 기능은 다음과 같다.

① 생산 자원의 배분과 감시
② 작업 스케줄링
③ 주문 및 제작 안내
④ 문서 및 문서 관리
⑤ 데이터 수집
⑥ 작업자 관리
⑦ 제품 퀄리티 관리
⑧ 과정 관리
⑨ 시설의 유지·보수 관리
⑩ 제품 추적 및 제품 체계 관리
⑪ 실적 분석

이 목록과 같이 앞에서 설명한 생산 스케줄러가 MES의 한 기능으로 제공되는 경우도 있다. 또한 개별 스케줄러를 이용하여 계획 입안을 하는 경우 다음 그림과 같이 MRP와 MES 사이에 스케줄러가 기능하는 구성이 된다. 참고로 MRP로부터 제조 지시를 받아 스케줄러로 순서 계획을 입안한다는 흐름이다.

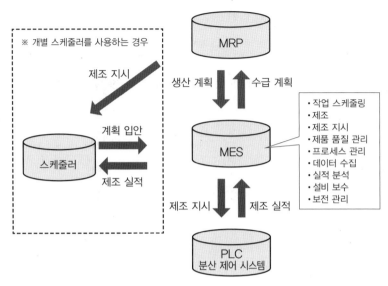

◆MES와 그 외 시스템 연계 이미지

POP(Point Of Production: 생산 시점 관리)는 공장 현장의 각 작업 공정에서 발생하는 작업 시간 등의 생산 정보를 발생 원인 기계·설비 등에서 수집하여 관리하는 시스템으로, 바코드를 작업 시작 시와 종료 시에 읽어 들여 제조 현장에서 누가 무슨 작업을 시작하고 언제 끝냈는지 실시간으로 파악할 수 있다. 또한 기계 설비와 POP를 연결함으로써 생산 진척 상황이나 제품별 원가 관리, 기계별 가동률을 얻을 수도 있다.

초기의 POP에서는 제조 현장의 자동 제어 제조 기기와 데이터 수집기를 연결하여 제조 실적 데이터를 처리했다. 이는 유통업에서 채용이 진행되고 있던 POS(Point Of Sales: 판매 시점 정보 관리) 개념을 도입하여 실적 데이터가 언제 어디서 발생했는지를 수집하는 것으로 POP나 설비의 자동 제어 시스템은 국소적인 시스템이며 MRP 등의 생산 계획 시스템이나 다른 공정의 시스템과 통합적으로 연동하는 기능은 가지고 있지 않았다.

PLC와 같은 기계 제어 시스템이 진화되면서 POP도 고도화되어 국소적인 시스템들끼리 접속하게 되었다. 이로 인해 작업이나 품질 정보를 종합적으로 얻을 수 있게 되었고 생산 계획 정보에서 제조 지시 테이터를 빼내서 제조 장비를 간단하게 제어하고 작업자에게 작업 지침을 표시할 수 있게 되었다.

MES에서는 보다 고도의 기계 설비의 연계 제어나, 추적(tracebility) 기능, 품질·리드 타임·생산성의 계측과 분석이 가능하게 되어 있으며, **POP를 제조 현장의 종합적인 실행 제어 시스템으로서 발전시킨 것이 MES**라고 할 수 있다.

▌MES의 공정 전개 및 작업 전개

MES에서 공정마다 작업 전개를 하면, 이어서 제조에 필요한 출고 지시, 투입 지시, 계량 지시, 제조 지시를 생성하고 지시를 내린다. 출고 지시는 부품이나 원재료의 보관 장소로부터의 출고 지시이며, MRP에서 내리는 출고 지시와 엄격하게 구별할 필요가 있다. MRP 출고 지시는 원가 관리, 자산 관리로 재고 관리를 위해 보관 장소부터 MRP로 인식하는 공정으로 출고 지시를 하는 방법이다. 공장 간 전송

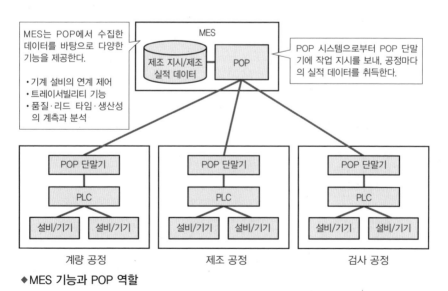

◆MES 기능과 POP 역할

이나 자재 창고에서의 출고 등의 지시가 그에 해당하며, MES의 출고 지시는 **원재료의 보관 장소에서 각 제조 공정에 있는 구체적인 제조 현장으로 출고 지시를 하는 것**이다.

MES에서 출고 지시를 받으면 제조 담당자(또는 보관 담당자)는 지시의 수량에 맞추어 작업 장소별로 출고가 필요한 원재료를 용기에 담는 등 준비하여 작업 장소별로 작업 시작 전에 미리 준비한다. 참고로 출고할 때 준비할 수 있는 작업을 **배선 지시**라고 한다. 제조 단위에 맞추어 실시하는 배선 지시도 MES로 실시한다.

식품·의약품 업계의 제조 공장에서는 원재료를 작은 단위로 나누어서 출고하는 경우도 있으며 제조 공정에 출고되어 각 작업 공정에 전달된 부품이나 원재료에 대해 공정이나 설비에 투입 지시, 계량 지시가 내려진다. 그리고 지시에 따라 올바른 원재료를 올바른 수량으로 투입하도록 통제한다. 투입 시에는 원재료 라벨을 HT로 읽어, 품목이나 계량치를 체크한다. 계량 지시의 내용과 비추어 자동 체크를 함으로 인간이 일으킬 수 있는 실수를 방지한다.

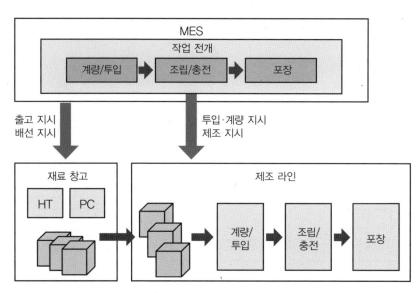

◆MES로 인한 작업 전개 및 지시 내리기

또한 잘못된 원재료가 투입될 것 같거나 투입량에 미비점이 있을 경우에는 미리 경고를 보내도록 MES 설정이 필요하다.

작업 표준 SOP 준수

작업 표준 SOP(Standard Operating Procedure: 작업 표준 절차서)에 따른·작업 순서가 작업 지시로 이어서 실행하게 된다. MES에서는 작업 순서가 표시되지만 SOP대로 작업 수행을 명시하고 일련의 작업을 통제하고 제어하는 역할을 한다.

예를 들면 지시대로 작업이 완료되지 않는 경우, 다음 작업으로 이행을 제한하는 구조도 가능하다. 일반적으로 MES에는 작업 표준인 SOP를 등록해 둘 필요가 있지만, 작업 표준은 종이 매체로 작성되는 경우도 많아 상세한 작업 표준을 모두 MES에 등록하는 것은 어려울 것으로 보인다.

따라서 일반적으로 작업 순서는 패널, HT, 제어반 등에 표시하는 것이 바람직하며, 패널이나 HT는 MES와 직접 연결이 가능하다. 제어반의 작업 전송은 일반적으로 PLC를 통해 이루어진다.

출고 지시·투입 지시와 관련된 로트 지정 및 로트 넘버 부여

출고나 투입을 지시할 때 로트를 지정할 필요가 있는 경우에는 MES를 통해 **로트 지시**가 가능하다. 그리고 이를 통해 로트 실수를 방지할 수 있다. 유통 기한이나 유효 기간 등의 기한 관리가 필요한 품목도 많은데, 이러한 품목에 대해서도 MES 상에서 기한을 관리함으로써 기한이 지난 품목을 확실하게 추출하거나 출고 대상에서 제외할 수 있다.

또한 제조업에서 원재료나 납품 부품, 최종 제품 품목을 로트 넘버로 관리하는 작업이 필요한데 이 로트 넘버의 생성·채번(採番)도 MES로 할 수 있기 때문이다. 물론 원재료나 납입 부품 로트 넘버는 해당 제조업체나 납품업체가 채번한 것을 그대로 MES에 정보 등록하여 사용할 수도 있다.

MES에서 품목의 로트 넘버를 생성하는 가장 큰 장점은 **동시에 MES를 통해 로트를 추적할 수 있다는 점**이다. 제조할 때마다 로트 넘버를 부여해 MES에서 라벨을 출력하고 대상 품목에 붙이는 수고가 발생하지만 품목을 일원적으로 관리하기 위해서는 어쩔 수 없는 공정이다. 라벨을 붙이는 수고로 로트 관리가 가능하게 되면서 피킹(picking)이나 투입 실수를 피할 수 있게 되고, 또한 각 로트의 제조 공정이나 사용한 원재료 및 부품 등을 추적할 수도 있는 등 막대한 이점을 누릴 수 있기 때문에 가능한 한 작업을 개선하여 공수(工數)의 증가를 피한 후에 실시하는 것이 좋다.

예를 들어 공급업체에 원료 및 납품 부품의 로트 번호를 바코드 또는 2차 바코드로 표시하도록 요청하여 라벨링 작업을 줄일 수 있다.

단가가 상승할지도 모르지만 원재료나 부품의 입고 그리고 로트 관리가 굉장히 원활해지는 동시에 실수도 거의 발생하지 않는 등 장점이 크다. 예를 들어 제약회사에서는 제조 로트 번호 부여가 의약품 제조 행위의 일부가 되는 등 법규상 로트 관리를 피해서는 안 되는 업계도 있다.

또한 GMP(Good Manufacturing Practice: 의약품의 제조 관리 및 품질 관리 기준)상의 규정에 의한 시스템 승인(제조 행위의 타당성을 확인, 검증하는 것)의 감사 대상을 MES로 한정하면 확인 범위를 한정할 수도 있어 효율화로 이어진다. 만약 MES가 아닌 기간 시스템으로 로트 넘버를 채번할 경우, 기간 시스템의 변경 때마다 불필요하게 시스템 승인을 해야 한다는 점에 유의해야 하며 동시에 여기서도 다시 한 번 MES에 의한 로트 넘버 관리의 중요성을 알 수 있다.

제어반 공장 설비 관리

MES, PLC, SCADA, LIMS로 작업 지시, 실적데이터 수집,
설비·품질관리를 효율화한다

┃제어반, 공장 설비와의 데이터 연계

종이로 작업을 지시하는 제조업은 여전히 많이 존재하지만 업계에서는 업무에서 각각의 공정을 시스템화하여 업무를 개선하려는 의지가 크다. 특히 MES를 활용하면 기존과 같은 종이로 작업을 지시하는 것을 피할 수 있어 업무 효율화 향상을 기대할 수 있다.

예를 들어 MES에서 작업 지시를 할 경우 현장에 설치된 컴퓨터나 패널에 MES의 작업 지시가 표시되는데, 그 지시 상황은 현장이 아닌 제3자도 확인할 수 있어 MES의 지시 상황 전체를 통제할 수 있다. MES로 받는 지시를 PC에 표시하는 경우, 그 PC에 직접 작업 실적을 입력하는 것으로 작업 지시와 실적을 연계·관리할 수 있다.

한편, HT를 이용하는 경우는 표시된 지시에 대응하는 실적으로 작업 대상에 바코드 등이 부여되어 있는 경우가 있는데, 이를 읽는 것만으로도 실적을 등록할 수 있다. 설비의 제어 패널에 MES의 지시를 전송하여 작업 지시를 할 수도 있지만, 그때는 일반적으로 PLC를 통해 MES에 의한 작업 지시가 반영되며, 각 설비의 제어 패널에 작업 지시 공정이 표시되어 그에 따라 작업을 수행할 수 있다.

또한, 이와 같이 설비의 제어 패널에 지시를 전송하는 경우에는 설비 자체의 가동을 제어하는 작업 지시도 가능하다.

MES 작업 지침을 PLC를 통해 장비로 전송하여 **설비 가동을 제어할 수 있으며,** 작업 실적은 제어 패널을 거쳐 PLC를 통해 MES로 전송되어 수집 및 관리한다.

▌계량, 배합과 실적 데이터 취득

MES를 계량기나 배합 탱크와 연동시키면 작업 지시를 표시할 수 있다. 계량은 계량기에 원재료를 올린 타이밍에 실행되는데, 그 결과가 계량기에 출력될 뿐만 아니라 계량기 중간의 데이터를 MES에 피드백하는 구조로 이루어진다. 그리고 이로 인해 MES 측에서 투입량의 허용 범위가 판단되어 수량을 적정하게 조정하면서 계량 작업을 완료할 수 있다. 이때 계량 결과를 수시로 MES에 피드백하는 구조로 하면 계량 실적 데이터는 MES를 통해 취득할 수 있기 때문에 작업 실적을 등록하는 수고를 덜 수 있다.

또한 이때 투입되는 원재료에는 **재고 관리 목적으로도 인식 가능한 2차원 바코드 방식과 바코드를 미리 첨부해 두면 적정한지 아닌지를 MES 측에서 판단할 수 있고, 계량 작업의 정밀도를 향상시킬 수 있다.** 예를 들어 그림과 같이 원재료와 사용 기한이 지난 원재료 코드를 읽은 경우 경계 태세를 발동하여 오계량·오투입을 방

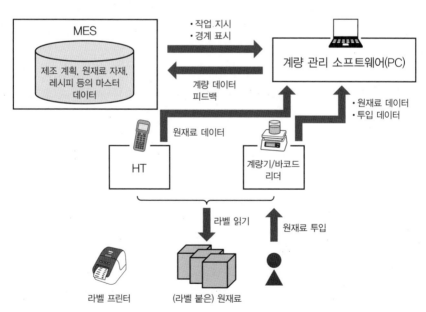

◆ 계량 작업과 관련된 MES 연계와 투입 제어

지할 수 있도록 할 수 있다.

이를 현장에서 실천하려면 MES로 재고 정보를 인쇄하는 라벨 프린터를 배치해 둘 필요가 있으며, 동시에 라벨을 읽어 들이는 리더기도 필요하다. 라벨의 리더기는 HT로 대신할 수도 있고 설비 측에서 리더 기능을 갖추어 두는 것도 좋다.

▌MES에서 실적 데이터 수집

MES는 작업 전체를 통제하는 사령탑과 같은 역할을 할 수 있으며, MES를 주축으로 다양한 작업 지시를 내리고 동시에 그들을 통제할 수 있다. 그리고 표시된 작업이 수행되었는지 여부를 기록하고 관리할 수 있다.

여기서 주의할 점은 MES를 주축으로 한 작업 실적의 기록은 어디까지나 '작업 지시에 대한 작업 실적'이며, 설비의 가동 시간이나 회전 토크(torque), 온도, 압력 등에 이르는 설비의 상세한 가동 이력이나 출력 내용은 MES에서 취득 대상 데이터가 되지 않는다는 것이다. 이러한 상세 정보는 MES에 의한 작업 실적 기록의 범위를 벗어나는 것이 일반적이다.

물론, MES에서 이러한 실적 취득까지 하고 싶은 경우에는 기존의 MES 패키지의 커스터마이즈나 오리지널 MES의 구축에 의해서 구현이 가능하다. 그러나 MES의 가장 큰 역할은 주로 '**작업 통제 및 지시된 작업이 완료되었는지 여부를 기록하는 것**'임을 염두에 두어야 한다.

SOP에 정의된 작업 지시에 따라 작업이 적정하게 완료되었는지 여부의 상황을 수집하고 관리하는 것이 주요 역할이며 설비의 상세한 가동 이력이나 제조 대상 품목의 품질 정보까지 취득하고 관리하는 기능은 MES에 거의 탑재되어 있지 않은 것이 일반적이다. 기본적으로 설비의 가동 정보는 **SCADA**(Supervisory Control and Data Acquisition)로, 수집·관리하고 품질 정보는 **LIMS**(Laboratory Information Management System: 실험실 정보 관리 시스템)로 수집한다.

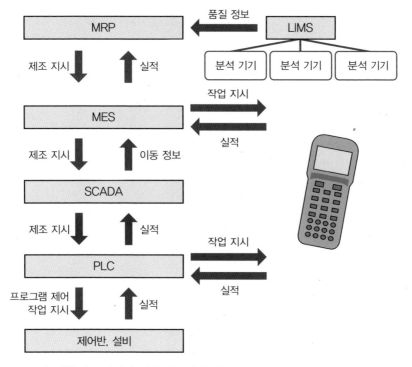

◆MES에 의한 제조 지시와 실적 데이터 수집

작업과 관련된 데이터 흐름은 작업 지시에 대한 작업 실적 데이터가 MES로 집약되어 MRP로 전달된다. 작업 지시 데이터는 MES보다 앞에 있는 디바이스(HT나 PLC), 나아가 PLC를 통해 제어반이나 각 설비에까지 미치는 경우가 있는데, 작업 실적 데이터는 이와 반대 흐름으로 수집된다. 각 작업 현장에 MES 단말기의 PC나 태블릿이 있는 경우에는 이를 통해 실적 데이터의 등록과 수집이 이루어지며, 작업 실적이나 완성 품목의 거래량에 관한 데이터가 수작업으로 수집된다. MES가 계량기와 연계되어 있는 경우에는 계량, 투입 공정에서 계량 실적 데이터와 투입 실적 데이터가 기록되며, HT를 사용하는 현장에서는 작업 실적과 완성 품목의 거래량이 HT로 기록되기 때문에 HT를 통해 실적 데이터가 수집된다.

모두 작업 지시의 데이터 흐름과 반대의 공정을 거쳐 MES에 실적 데이터가 수집되며, HT를 사용할 때 PLC를 끼우는 경우에는 실적 데이터 취득 시에도 HT에서 PLC를 거쳐 MES에 수집된다.

SCADA와 LIMS

설비 가동 실적 정보는 기본적으로 MES가 아닌 SCADA와 연계한다. SCADA는 **인프라를 구성하는 다양한 기기와 센서에서 얻을 수 있는 데이터를 수집하고 데이터를 분석·감시·제어하는 시스템**이다.

SCADA를 PLC와 MES 사이에 연결하여 시스템을 연계함으로써 시설 내에 흩어져 있는 모든 기기의 상태를 한눈에 확인하고 제어할 수 있는 것이고 '제어반 → PLC→SCADA 설비→PLC→SCADA'라는 흐름으로 데이터를 수집하는 구성이다.

또한 LIMS는 다양한 분야에서 **품질 관리 시스템**으로 도입되었다. 분석 기기에서 분석 데이터를 직접 수집하여 과거 실적과의 샘플 비교 및 법적 기준치 체크 등의 품질 관리를 효율화할 수 있다.

5-5 작업 실적의 투입과 관리

MES 연계, 백플러시, WMS에 의한 원활한 입고 · 출고 · 재고 관리

▌기간 시스템에서 발주, 입고 예정인 데이터의 MES 연계

MRP에서 발주 계산하여 구매 의뢰가 생성되면 구매 관리 시스템(또는 ERP 시스템과 같은 기초 시스템)으로 발주를 한다. 이때 구매 관리 시스템에 발주 데이터가 연계되면서 입고 예정 데이터가 생성된다. 만약 입고 예정 일람을 종이에 기입하고 손으로 체크하는 수작업을 진행한다면 수고에 비해 실수가 생길 수 있다.

그래서 작업을 효율적으로 하기 위해 MES에 입고 예정 데이터를 연계하는 것이다. 그러면 입고일마다 품목별 입고 예정 데이터가 MES에 전달되면서 **입고된 품목을 계상(計上)하여 입고 예정이라는 표시를 지우는 작업이 자동화**된다.

입고 데이터가 등록되었다면 입고 실적 데이터를 기간 시스템(ERP)으로 보낸다. 그리고 여기서 취득한 입고 실적 데이터를 근거로 기간 시스템에서도 입고 예정이라는 표시가 지워져 재고로 계상된다.

제조 공정에서 자재를 투입하면 자재 창고에서 관리하고 있던 자재(부품 또는 원자재)가 출고되면서 재고에서 빠지게 된다. 그리고 각 제조 공정이 끝나면 생산 실적 수량을 다음 공정의 재고 수량으로 계상한다. 자재 투입 후 최종 제조 공정까지 완료하면 부품이나 원재료가 재료비로 소비되고 완료 수량이 완제품에 계상되며, 남은 부품이나 원재료는 자재 창고로 돌아가 다시 입고 처리가 된다.

▌반복 생산과 백플러시

제품 사양이 동일하여 지속적으로 반복 생산하는 경우 공정이나 사양 변경이

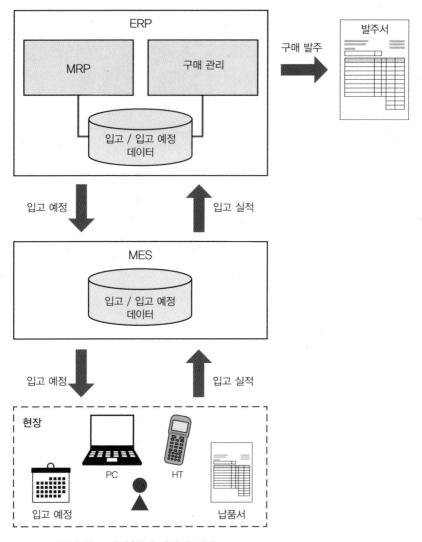

◆MRP, MES의 입고 예정/실적 데이터 연계

적은 제조 라인에서 생산하는 경우가 많다.

이처럼 반복적으로 생산되는 경우 원재료 소비나 작업 시간이 변동되지 않고 안정되어 있기 때문에 이론적으로 **백플러시(backflush)**가 사용된다.

백플러시란 재고를 받는 측의 데이터를 이용해 재고를 보내는 측의 지불 데이터를 자동으로 작성하는 것이다. 백플러시는 출고와 같은 실적 데이터를 수집하지 않고 완성된 거래량에 따라 BOM 수량을 적절하게 이체시키는데 실제 현장에서는 남은 부품이나 원재료를 자재창고로 되돌려 보내고 다시 입고되지만 출고 관련 수불처리는 하지 않는다. 백플러시는 자재창고에서 출고를 생략할 수 있기 때문에 작업 공정을 줄일 수 있다.

▌납품·중간 생산물 완성 입고

제품의 가공 공정에서 최종 공정까지 마친 제품은 제품 창고 내의 수납 설비로 수납되어 **완성된 제품으로 입고**되어 계상한다. 또한 MES로 완성하여 입고되면 주문에서 삭제된다.

중간 생산품이 완성되면 원재료 등 창고 보관 담당자에게 전달되고 담당자는 중간 생산품을 원재료 창고 내의 수납 설비로 수납하여 수량을 기성품으로 계상한다.

완성된 제품과 중간 생산품의 제조 실적·입고 데이터는 기간 시스템에서 제조 지시가 삭제된다.

▌불량품·재고품의 처리

이전 공정에서 전달받은 물건을 가공하려고 할 때 그중에 불량품이 있다는 사실을 알게 되어 현재 공정을 실행하지 않은 채 이전 공정으로 되돌리는 경우나 검사 공정에서 불합격된 경우 그 불량품을 관리할 필요가 있다. 불량으로 분류된 제품, 중간 생산품, 제조 중인 제품은 이전 공정으로 되돌려 처리하고 고치거나 폐기 처분되는 등 그 내용에 따라 분류하여 처리 작업장으로 운반한다.

이때의 이동 정보는 정확하게 시스템으로 관리해야 하겠지만 이와 같이 재고가 갱신될 경우 **'불량품이 발생한 이후의 처리를 위해 제품이 어느 곳에 있는지'**에 대한 규칙을 명확하게 할 필요가 있다.

또한 불량으로 판단된 제품, 중간 생산품, 제조 중 제품은 재가공 작업장으로 가게 되지만 원래의 판단이 부적절하여 중단되는 경우가 있다. 정상 제품, 중간 생산품, 제조 중인 제품, 원자재를 장기간 사용하지 않은 물건은 계속 생산할지 말지에 따라 보관 여부를 결정해야 한다. 또한 정기적으로 재고 관리 시스템의 정보를 이용하여 재고 상황을 파악하여 관리 비용을 줄여야 한다.

WMS로 창고 안 재고 관리

WMS(Warehouse Management System: 창고 관리 시스템)는 창고에 화물·자재·물품의 입출고 관리·재고 관리 등의 기능을 탑재한 시스템을 말한다. WMS는 창고 내의 관리에 국한되어 있고, 창고 내의 정보와 인력 관리가 핵심이다. 또한 재고 관리뿐만 아니라 착용 관리, 선적 관리 또는 책 작성 기능도 있고 WMS를 도입하면 인적 오류를 최소화하고, 근무 시간을 단축하며, 생산성을 높일 수 있다.

만약 재료 반입과 관련하여 WMS가 존재하고 기간 시스템(ERP)으로 통합되어 사용하고 있을 경우 WMS에서 입고 처리를 하면 기간 시스템에서 WMS로 입고 예정 데이터로 전달된다. MES의 재고 관리와 마찬가지로 입고 예정 데이터로 등록되고, 입고 실적 데이터를 근거로 입고 예정표가 삭제된다. 또한 MRP의 생산 계획에 따라 출고 지시가 WMS로 보내지고, WMS 또는 출고 처리가 발생하면 제조 현장에 전달되는 시점에서 MES로 제조 현장에 입고 데이터가 전달되는 것이다.

| 재고 관리 | 입고 관리 | 출하 관리 | 재고 정리 | 전표, 납품서 작성 |

◆WMS 기능

5-6 생산 관리의 글로벌화

각국의 거점에서 정보를 신속하게 공유하여 생산 효율을 높이는 방법

제조업의 글로벌화

최근에는 많은 기업이 해외로 진출하여 세계 시장에서 활약하고 있다. 제조업에서도 해외에 제품의 생산 거점을 마련하여 현지에서 생산하거나 판매하고 있다. 해외용 제품을 기획, 설계, 원자재 조달, 제조 유통 등 부문별로 각국에 분산하여 생산 효율을 향상시키고 그로 인해 비용을 절감하려는 것이다.

이와 같은 환경에서 각 지역에 맞춘 개별 생산 관리 시스템이 도입되어 시스템이 통일되지 않는다면 시스템 이용 가치를 극대화할 수 없다. 메일이나 구두로 전달하는 경우 정확한 정보를 공유하는 데 품이 들고, 각 지역 판매 상황 등을 본사에서 빠르게 파악할 수 없기 때문이다.

그래서 시스템을 이용하여 각 거점 간의 연계 속도를 빠르게 하고, 국내외를 불문하고 여러 거점에서의 생산 진척, 제품 품질 등의 실적을 공유하여 생산 전체의 효율을 높이는 작업이 필요하다.

또한 각 국가 간의 공장에도 부품 거래는 발생하고 복잡한 공급망이 형성되는 경우 생산 관리 업무가 복잡해진다. 왜냐하면 생산 관리와 제조 공정 관리를 실행하는 그 범위가 국내 단일 공장이 아니라 세계를 거점으로 확대되기 때문이다. 해외에서 생산하기 어려운 일부 부품을 국내 거점 공장에서 제조하고 최종 제품은 해외 생산 거점에서 하는 과정의 경우 국내 부품을 공급하는 시간도 배달 시간으로 고려할 필요가 있다.

▎세계화로 인한 부하 배분

생산 관리를 국내 공장뿐 아니라 세계 각 거점에서 계획 관리하는 경우, **각국 공**
장의 판매 계획을 통합하고 공장이나 국가를 초월하여 생산 계획을 공유할 필요가
있다. 그리고 만약 여러 공장에서 동일한 제품을 생산한다면 서로 조정을 해야할
수도 있다. 예를 들어 B 공장에서 생산하는 제품의 수량이 과잉되어 공장의 부하
(업무량)가 생산 능력을 초과한다면 같은 제품을 만드는 A 공장에 업무량(부하량)
을 할당하여 기간별 생산량을 조절하는 경우가 있다. 이러한 업무를 **부하 배분**이라
고 한다.

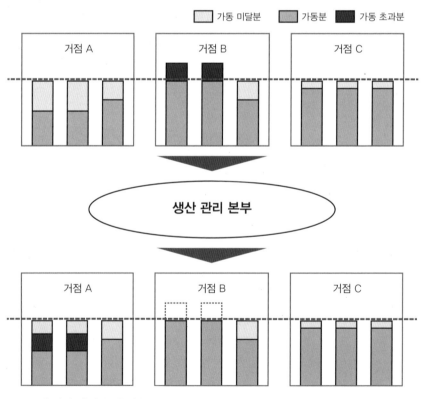

◆**글로벌 거점 간의 부하 배분**

114

부하 배분을 담당하는 시스템은 공장의 생산 능력을 파악하고, 다른 제품에 걸리는 부하도 고려한 후 시스템을 조정해야 한다. 만약 어느 공장에서 문제가 발생하여 생산 능력이 촉박하다면 필요에 따라 부하를 배분하여 공급을 안정시킨다.

반대로 부하가 부족하거나 가동 유지가 어려운 공장이라면 부하를 배분하여 공장 이익을 유지시켜 준다. 이처럼 개별 관리 시스템에서 해결하기 어려운 문제를 **글로벌 정보 공유를 통해 해결할 수 있도록 체제를 만들어야** 한다. 또한 국가 간 부하 배분에서는 국가마다 물류 리드타임이 다를 수 있으며, 수요에 대한 생산 계획도 바뀌기 때문에 조정이 더욱 어렵다. 따라서 부하 배분을 하기 위해서는 **글로벌 판매 계획, 생산 판매 계획과 각 거점에서의 생산 계획, 조달 계획을 가시화**할 필요가 있다.

▌생산 계획의 글로벌화와 SCP

생산 계획도 글로벌 집계를 통해 가시화된다. 이때 시스템은 **SCP**(Supply Chain Planning)로 통합한다. SCP란 원재료가 입고될 때부터 생산, 출하까지 물건의 흐름(서플라이 체인)에 각 단계별로 계획을 작성하기 위한 시스템을 가리킨다. SCP로 인해 각국 공장의 공정별 부하를 취득하여 가동 계획을 일원화해 이를 통해 공장 간에 필요에 따라 부하 배분을 하여 생산의 안정화를 도모할 수 있다.

그리고 조달 계획도 글로벌화에 맞춘 대응이 필요하다. 우선 한정된 서플라이 체인으로 공급하는 고급 부품 등 특정 공급업체에 발주가 집중될 가능성이 있다. 그렇게 되면 각국의 공장에서 공급이 막히면서 생산이 어려워질 가능성도 있다. 그래서 조달 계획도 국제적으로 집계하여 가시화할 필요가 있는 것이다.

또한 SCP로 전 세계의 수요와 생산 계획, 조달 계획을 통합하여 중요한 공급에 대해 조달 본부가 필요한 정보를 집약하여 조달할 필요도 있다. SCP는 조달·물류 등 공급망 관리를 맡아 각국의 공장에 공급하고 있다. 그래서 생산 현장의 다양한

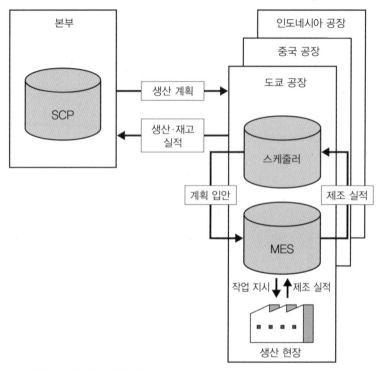

◆SCP로 인한 스케줄링과 실적 수집

제약 조건을 고려하여 실행 가능한 계획을 작성해야 하며, 각 공장에서는 SCP로부터 받은 생산 계획을 바탕으로 스케줄러가 상세 스케줄을 작성하여 MES를 통해 작업 지시를 생산 현장에 출력한다. 생산 현장에서는 생산을 담당하고, MES는 공장의 생산 업무를 관리하며, 스케줄러에 실적 정보를 공급하고, 스케줄러는 작업 실적을 바탕으로 상세 스케줄을 조정한다. SCP는 스케줄러로부터 생산 및 재고 결과를 실적 정보로 받아 SCP가 관리하는 조달 정보와 함께 생산 계획을 재계산한다.

글로벌 SCM에 의한 계획 입안

납기 준수, 재고 절감 등 기업의 서플라이 체인 작용에 있어 **SCM**(Supply Chain Management)은 없어서는 안 될 구조다. SCM은 원재료의 조달에서 제품 배송까

116

지 물건과 돈의 흐름을 정보의 흐름과 연결시키고 공급망 전체에서 정보를 공유하고 연계하여 전체 최적화를 실현하기 위한 경영 방법을 가리킨다.

글로벌 SCM에서는 국내 거점이 아니라 해외에 있는 생산·판매 거점을 포함하여 관리한다. 그래서 전 세계 거점을 상대로 원재료 조달, 제조, 유통, 판매 그리고 소비까지 물건과 돈의 흐름을 하나로 관리할 필요가 있다. 생산이 글로벌화 되면 SCM도 글로벌화될 필요가 있다. 그래서 생산 관리의 틀을 넘어 해외 판매사와 본사의 영업 조직을 포함한 계획 입안과 조정이 필수적이다.

▌생산 관리의 표준화

생산 관리는 어떤 직원이 담당해도 안정된 품질을 유지할 수 있도록 업무 순서를 표준화할 필요가 있다. 그리고 작업이 전 세계에 거점을 두어도 표준화된 업무 순서를 운용해야 한다. 표준화로 인해 쓸데없는 실수를 없앨 수 있다. 생산 계획, 스케줄링, 제조 지시, 실적 수집 등 업무 순서와 현장 담당자의 보고 사항, 보고 방법을 통일화할 때는 이용 시스템도 각 거점에서 통일하도록 검토해야 한다.

하지만 시스템을 통일시킨다고 해도 관례나 규제에 따라 나라마다 차별화해야 하는 업무가 있기 때문에 통일하는 문제가 쉽지 않다. 그래서 사용 가능한 시스템 선정도 변하는 것이다. 거점별로 개별적인 요구가 발생하는 경우도 있지만, 통일하기 위해서는 **필요한 부분만 최소한으로 수용하고 개별 기능의 개발은 최대한 배제**하는 것이 중요하다.

만약 모든 거점을 한 번에 통일하기 어렵다면 대상 거점을 지역별로 나누어 기능을 집약시키도록 한다. 세계 각국이 대상인 경우에는 거점별 시차나 언어의 차이를 고려할 필요도 있다. 거점이 바뀌어도 현장 직원이 알기 쉽고 사용하기도 쉬워야 하는 점이 중요하다.

인프라는 **공공 클라우드**(public cloud) 또는 **사설 클라우드**(private cloud)를 활

용한 가상화로 통합한다. 그리고 그 상태에서 공통된 패키지의 기간 시스템을 도입한다.

시스템 안에서 이용하는 설정 정보나 데이터베이스에 보관하는 마스터 데이터 (단계의 정의, BOM, 품목 코드 등)는 표준화된 것을 이용한다.

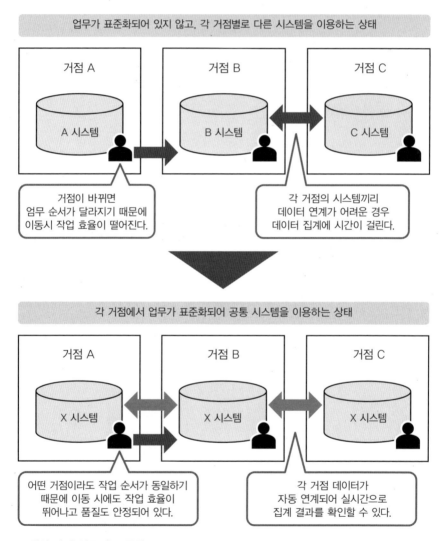

◆ 생산 관리 업무의 표준화

업무가 표준화되고 시스템이 통일되어 있으면 이동이 용이해져 인재 육성 비용이나 채용 비용을 삭감할 수 있다. 또한 어떤 거점에서 조작해도 같은 인터페이스와 흐름이기 때문에 알기 쉽다.

공통 업무뿐 아니라 경영 업무도 표준화한다. 생산 계획을 세우는 방법, 공장별 용량 계산, 재고의 정의, 원가 계산 방법, 관리해야 할 항목이나 보고 방법 등이 표준화되어 통일되어 있으면 이동해도 인수인계 비용을 최대한 절감할 수 있다.

전국의 사업소, 공장에서 사용되는 일반 업무, 경영 업무의 절차는 **이동해도 금방 알 수 있도록 표준화, 통일화해야** 한다.

S&OP와 글로벌 PSI의 구축

세계적으로 생산·조달을 확실하게 성립시키기 위해서는 전 세계의 수요나 생산·조달 상황을 시각화하는 것만으로는 불충분하기 때문에 글로벌 판매 계획, 매입 계획, 생산 계획, 조달 계획을 집약시킬 필요가 있다. 참고로 관리 업무에서 생산 관리가 가장 강화해야 할 것은 계획 업무이다.

S&OP(Sales and Operations Planning)를 구축하기 위해 전 세계적으로 **PSI**를 표준화, 통일해야 한다.

S&OP는 SCM에서 발전된 개념의 하나이다. 경영과 판매, 제조 현장이 정보를 공유하고 의사 결정을 촉진시켜 서플라이 체인 전체를 최적화하는 방법을 가리킨다. 또한 PSI란 Production(생산), Sales(판매 계획), Inventory(재고)의 머리글자를 딴 것으로 생산·판매·재고를 동시에 계획하는 것을 말한다.

각국 개별 PSI를 흡수하여 글로벌 PSI로 만들고 본사에서 의사를 결정한다.

또한 현장에 따라 계획이나 실적의 관리 단위가 다르면 데이터 집계나 비교에 시간이 걸리고 정보의 선도(鮮度)가 저하되며, 결과적으로 본사에서의 신속한 경영 판단이 어려워지므로 각 거점의 계획이 전사 계획과 항상 정합성을 유지해야 한다.

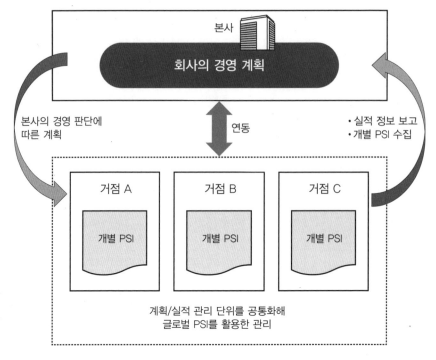

◆S&OP의 구조

　그래서 정보의 선도를 유지한 상태에서 경영 판단에 사용할 수 있는 데이터를 취득하려면 **판매 계획이나 상담 관리 방법, 데이터 관리 단위를 통일해 거점 간 데이터의 연동성을 높여 두는 것**이 중요하다. 그리고 각 거점이 각자의 사정만으로 판매, 생산, 조달, 물류 계획을 만들지 않고 본사의 의사 결정에 입각하여 계획 책정을 한다.

　S&OP에서 정보 취득과 함께 중요해지는 것이 계획 자체의 평가·재검토이고 매일 상황이 변화하는 것을 염두에 두고 한 번 책정한 비즈니스 시나리오, 업무 계획도 **정기적으로 평가하면서 필요에 따라 고쳐 나가는 것**이 중요하다.

▌본사 공장으로 생산 기술을 집약시키는 일과 글로벌 전송

해외 생산이 많아지면 설계 업무의 현지화가 진행되면서 거점 지역에서 독자적으로 설계를 하는 등 본사의 통합 관리가 어려워진다. 기밀성이 높은 도면을 종이 형태로 공유하거나 편집 가능한 CAD 데이터를 제한하지 않는 네트워크에서 자유롭게 취득 가능한 상태가 되면 정보 유출이나 2차 이용에 대한 리스크가 생길 수 있다.

이 데이터를 전자화하고 보안 레벨을 엄격하게 적용하여 본사 차원에서 하나로 관리하는 것이 가장 바람직하다. 계약 종료 시에는 본사의 권한을 기본적으로 설정하여 대상 거점에서 이용을 정지시키고 데이터 액세스를 금지시키는 기능이 필요하다. 거점별로 설계가 필요한 경우에는 액세스 제한을 하고 외부 매체에 기록을 금지하는 등 이용 규칙을 엄격하게 한 후 데이터 편집을 허용하는 것이 바람직하다. 이와 같은 글로벌 생산 체제에서 안전하고 효율적으로 데이터 공유를 실현시키기 위해서는 **각 거점별로 이용하는 CAD 시스템과 마스터 데이터 관리를 통일**할 필요가 있다.

지금까지는 많은 기업에서 거점마다 개별적으로 시스템을 도입하여 마스터 데이터 관리가 통일되지 않은 방식의 운용이 많이 보였다. 그리고 그 결과 품목 데이터와 구성 데이터가 다른 코드 체계로 관리되고 관리자가 거점 간 데이터를 통합할 때 막대한 비용이 발생하고 있다.

이러한 마스터 데이터와 설계 정보를 중앙에서 관리하고 각 거점에 배포할 수 있는 환경을 구축하기 위해 **PLM 시스템 또는 PDM 시스템을 사용한 데이터 통합 관리**를 실시한다(5-1 참조).

PLM 시스템에서 도면 정보와 품목·구성 데이터 등의 마스터 데이터를 관리함으로써 각 데이터의 변경 관리 및 각 거점으로의 데이터 전송을 효율적으로 수행할 수 있다.

제 **6** 장

재고 관리
관련 시스템(2)
– 판매 관리

우선 판매 계획을 세우자

판매 계획의 중요성을 알고 경영자, 현장 시점이나 수요를
파악하여 효과적으로 책정하자

▌사업을 지속하는 데 있어 중요한 판매 계획

6장에서는 재고 관리와 연계된 판매 관리 시스템에 대해 설명하려고 한다. 그
전에 판매 계획에 대해 이야기해 보자.

판매 계획은 예산 계획의 하나인 매상 예산을 달성하는 데 있어서 판매와 관련
된 내용을 책정하는 것을 말한다. 즉 매출 목표를 어떻게 달성할 것인가에 대한 내
용이고 일반적으로 다음 관점에서 기간별로 매출 목표를 정한다.

- 범위 구분: 지역별·영업소별·판매 담당자별
- 카테고리 분류: 거래처별 매출·제품별 매출
- 판매 제품 상세: 대상 제품·가격·수량

예를 들어, 지역 A의 영업소 B에서의 판매 담당 C씨는 거래처 a에 대해 상품 b
를 c원에 d개 판매한다는 계획을 세운다는 내용이다.

◆지역 A, 영업소 B, 판매 담당 C의 월별 판매 계획

상품명	거래처	단가(원)	수량(개)
aaaaa	○(주)	1,000	200
bbbbb	○(주)	1,500	150
aaaaa	(주)△	1,000	300

※거래처: 상품 판매처

판매 관리 시스템에서는 계획 등록 기능을 갖게 하고(판매 담당 정보에 영업소/지역 정보가 연계되어 있다는 것을 전제로 한다), 거래처에 대한 제품별 매출 계획 데이터를 판매 담당별로 준비함으로써 지역, 영업소, 판매 담당, 거래처, 상품의 계획데이터 집계가 가능하다. 그리고 이 계획과 축적되는 판매 실적을 통해 **판매 계획의 달성률**을 파악할 수 있다.

▌판매 계획과 판매 실적에 의한 상황 파악

예를 들어 제품이 계획보다 불티나게 팔린다면 그 자체는 기쁜 일이지만 어떠한 대책을 세우지 않으면 재고가 부족하여 기회 손실이 발생할 수도 있다. 한편 제품이 계획보다 잘 팔리지 않는다면 이 역시 어떠한 대책을 세워야 재고 과잉을 고스란히 떠안지 않을 수 있다.

그렇다면 왜 계획대로 되지 않는 걸까. 예를 들어 계획 자체가 실현성이 없거나 예측할 수 없는 계기로 인해 수요가 확대·축소되는 등 그 원인은 다양하기 때문에 매번 상황을 파악하고 대책을 강구할 필요가 있다. 그래서 **계획과 실적으로 자사의 상황을 파악하는 일**은 매우 중요하다.

▌생산 및 재고에 영향을 주는 판매 계획과 실적

판매 계획은 생산량과 밀접하게 관련이 있다. 당연한 말이지만 판매 계획은 제품을 팔 계획을 말하고 팔기 위해서는 제품이 필요하다. 그래서 일반적으로 생산 계획은 판매 계획에 의해 책정된다. 한 달에 A 상품을 1,000개 판매한다면 제품을 1,000개 생산해야 하기 때문이다(실제로는 재고 상황을 감안하여 책정한다). 물론 계획은 어디까지나 계획이고 앞에서 말했듯 실적과 비교하여 상황을 파악하는 일이 중요하다. 그리고 그 계획과 실적을 이용한 상황 파악을 통해 어떤 상품의 생산을 증가·감소시키는 **생산 조정**으로 이어진다. 마지막으로 생산과 밀접하게 관련이 있다는 것은 재고에도 영향을 준다는 말이다. 즉 **판매 계획과 그 실적은 각 기업의 활동에서 중요한 계획**이다.

▌판매 계획에 영향을 주는 복수의 시점

판매 계획 정책은 우선 **경영자의 시점**부터 살펴볼 수 있다. 경영자의 입장에서는 당연히 자사의 가치를 높이기 위해 실적을 올리고 싶을 것이다. 즉 판매 계획은 높게 설정된다.

그 다음으로 **현장에서 보는 시점**이 있다. 판매 담당자의 시점에서 살펴보았을 때 몇 가지 경우를 생각할 수 있다. 정확하게 계획을 세우는 사람도 있지만 상담시 재고가 없으면 곤란하니 좀 더 폭넓게 계획을 세우는 사람, 그것도 아니면 계획대로 판매할 자신이 없으니 계획을 적게 세우는 사람 등 다양하다. 여기서 중요한 것은 생산, 재고에 영향을 미치는 판매 계획을 대충 세울 수는 없다는 점이다.

▌판매 계획을 책정할 때 중요한 정보

앞에서 이야기 했듯 경영자의 시점에서 실적을 올리기 위해 극단적으로 높은 목표를 책정하면 목표를 달성할 수 없을 것이다. 또한 현장도 분명 달성하기 어려운 목표가 있으면 동기 부여가 되지 않을 것이다. 한편 과도하게 소극적인 계획을 세운다면 기업은 성장할 수 없다. 이처럼 판매 계획은 현실감이 있으면서 달성 가능한 계획이 필요하다.

실제로 계획을 세울 때 고려할 정보는 다양하겠지만 가장 중요한 정보 중 하나는 **판매할 제품의 수요가 어느 정도인가 하는 점**이다. 수요가 없는 제품을 생산하고 판매한다고 해 봤자 아무도 구입하지 않을 것이고 수요가 있는 제품을 생산하지 않으면 판매할 물건이 없다. 그래서 수요를 파악할 수 있다면 이는 판매 계획으로 연결되는 것이다(물론 제품의 생산 수나 재고 수와도 연결된다.)

6-2 수요 예측

사람·통계로 수요를 예측하고 계절별로 수요 변동을 예측하는 방법을 구분한다

만약 미래의 수요를 내다볼 수 있다면

'이 상품은 1개월 후 1,000개의 수요가 있다, 저 상품은 반년 후에 1,000개의 수요가 있다…' 이와 같이 앞으로의 수요를 완벽히 파악할 수 있고 그 수요가 충분한 생산력을 가진다면 기회 손실 위험에 대해 완성된 제품의 재고를 확보해 둘 필요가 없을 것이다. 즉 필요한 타이밍에 맞춰 제품을 생산하고 출하하면 되기 때문에 재고 공간을 최소한으로만 가지고 있으면 되니 비용을 절감할 수 있다.

또한 과잉 재고를 가지고 있어서 최종적으로는 재고를 파기해야 할 위험도 없다.

이처럼 수요를 정확히 예측할 수 있다면 수요를 파악할 수 없는 상태에 비해 다양한 비용 절감이 가능하다. 따라서 판매 계획은 미래의 수요에 따라 맞춰서 세우는 것이 가장 이상적이다. 그러나 미래를 완벽하게 파악할 수는 없다.

수요는 가능한 정확하게 예측해야 한다

앞에서 말한 대로 판매 계획을 책정하려면 이상적인 것만이 아니라 어느 정도 수요를 미리 예상할 필요가 있다. 다만 6장 첫 부분처럼 현실적으로 수요 파악은 매우 어렵기 때문에 완벽하게 파악한다는 것은 불가능하다. 하지만 판매 계획을 수립하는 데 있어 필요한 정보이기 때문에 **수요 예측**이 필요하다.

다만 현실과 괴리감이 있는 수요 예측을 해서 이를 기반으로 한 판매 계획이 파탄나게 되면 기업에게도 큰 타격이 생긴다. 그래서 기업들은 되도록 수요 예측을 요구하고 있다.

▎수요 예측 방법

현재 수요 예측에 사용되는 방법은 크게 2가지로 나눌 수 있다.

먼저 첫 번째는 **사람이 예측**하는 수요이다. 여기서 '사람'이란 거래처의 영업 담당자 또는 매장 직원 등 다양한데, 이들의 공통점으로는 기계적 수요 예측이 아닌 경험이나 촉 등 개인의 정보를 바탕으로 한 수요 예측을 말한다.

또 하나는 **통계를 이용한 수요 예측**이다. 이는 사람이 예측하는 수요와 달리 기업의 과거 판매 실적 데이터를 기반으로 계산하여 기계적으로 미래 수요를 예측한다. 그럼 이에 대해 자세히 살펴보자.

사람이 예측하는 수요

사람이 예측하는 수요는 앞에서 말한 대로 개인이 가진 정보를 기반으로 수요를 예측한다. 이에 대한 특징으로 가까운 미래의 수요는 어느 정도 정확하게 예측 가능하지만 반대로 장기적인 예측은 잘 맞지 않는다.

이 방법이 어려운 점은 근거가 사람을 기반으로 한다는 점이며 통계를 사용한 수요 예측보다 납득하기에 부족한 감이 있다는 점이다. 또한 개인에게 의존하는 방법이기 때문에 그 사람이 퇴직, 이직 등으로 담당자가 아닐 경우 수요 예측이 어려워진다는 위험이 있다.

통계를 사용한 수요

통계를 사용한 경우에는 과거의 판매 실적이나 수요 예측 데이터를 기반으로 수요를 예측한다. 특징은 중장기적인 수요 예측에 적합하지만 돌발적인 수요 변동은 예측하기 어렵다. 사람이 예측하는 수요와 비교했을 때 축적된 데이터로 계산하므로 납득하기 쉬운 객관적인 예측 방법이라고 볼 수 있다. 통계를 사용한 수요는 몇 가지 방법이 있는데 대표적인 방법을 소개하도록 하겠다.

◆사람이 예측하는 수요와 통계를 사용한 수요의 특징

	장점	단점
사람이 예측하는 수요	가까운 미래의 수요를 예측할 수 있다.	• 장기적인 예측과 맞지 않다. • 사람 위주로 돌아간다.
통계를 사용하는 수요	• 중장기적인 예측이 가능하다. • 납득하기 쉽고 객관적인 수요 예측이 가능하다.	돌발적인 수요 변동을 예측하기 어렵다.

단순한 방법의 예측

우선 수요를 예측하는 단순한 방법에 대해 몇 가지 소개해 보겠다.

산술 평균법

가장 단순한 방법으로 과거의 실적 수치 합계를 그 개수로 나누는 평균값을 이용해 수요를 예측하는 방법이다. 수요의 경향이 불규칙하고 또 그 상태가 지속될 경우 대략적으로 수치를 구할 수 있지만 어디까지나 대략적인 수치이기 때문에 상세한 수요 예측은 어렵다. 또 오차가 발생할 가능성이 다분하다. 예를 들어 다음의 두 가지 그림 중 상단의 그림은 4월부터 9월까지 6개월 간의 실적을 집계하여 10월의 전망 수치를 산출하고 있다. 또한 하단에서는 10월의 실적 수치가 굳어진 후 4월부터 10월까지 7개월 간의 수치를 집계하여 11월의 예측 수치를 산출하고 있다. 기본적으로 월차 데이터가 늘어날수록 수요 예측 정확도도 상승하는 경향이 있다.

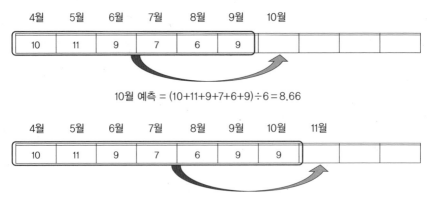

10월 예측 = (10+11+9+7+6+9)÷6 = 8.66

11월 예측 = (10+11+9+7+6+9+9)÷7 = 8.71

◆산술 평균법을 사용한 수요 예측 사례

단순 이동 평균법

산술 평균법과 마찬가지로 간단한 수법이다. 하지만 평균치를 사용하는 점은 달라지는데 산술 평균법과 차이점으로는 평균값을 구하는 범위가 계산할 때마다 달라진다는 점이다. 아래의 예는 1개월 동안의 수요를 예측한 상태에서 과거 6개월 동안의 실적 평균값을 구한 것이다. 10월 예측은 4~9월의 평균값, 11월의 예측은 5~10월의 평균값이다.

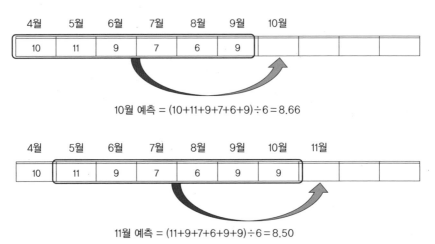

10월 예측 = (10+11+9+7+6+9)÷6 = 8.66

11월 예측 = (11+9+7+6+9+9)÷6 = 8.50

◆단순 이동 평균법을 사용한 수요 예측 사례

가중 이동 평균법

이 방법은 평균 실적 데이터에 대해 **가중치** 개념을 도입한 이동 평균법을 말한다. 앞에서 소개한 단순 이동 평균법에서는 매월 데이터의 중요성이 동일하다는 생각을 바탕으로 평균치를 산출하는 반면 가중 이동 평균법은 과거의 데이터가 되면서 데이터 중요성이 떨어지는, 즉 가장 **최근 데이터를 가장 중요하게 취급하는 방법**을 말한다. 다음 페이지의 예는 단순 이동 평균법의 예시에서 0.6~0.1의 가중치를 0.1 간격으로 할당하고 있다.

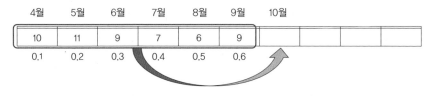

10월 예측 = (10×0.1+11×0.2+9×0.3+7×0.4+6×0.5+9×0.6)
÷(0.1+0.2+0.3+0.4+0.5+0.6) = 8.14

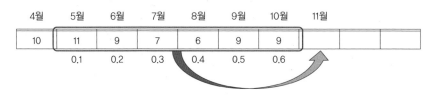

11월 예측 = (11×0.1+9×0.2+7×0.3+6×0.4+9×0.5+9×0.6)
÷(0.1+0.2+0.3+0.4+0.5+0.6) = 8.23

◆ **가중 이동 평균법을 사용한 수요 예측 사례**

지수법

지수법은 과거의 예측치와 실적치를 이용하여 가중치 개념을 갖는 예측 방법이다. 지금까지 소개한 방법보다는 다소 복잡하다. 0 이상 1 미만의 수치를 취할 계수 α를 이용하여 다음 계산식에서 예측값을 구한다.

$$\boxed{예측값 = 전회\ 예측값 + \alpha \times (전회\ 실적값 - 전회\ 예측값)}$$

예측치는 α의 값이 1에 가까울수록 이전 실적치가 중요시되고 반대로 0에 가까울수록 과거의 예측치 경향이 더 중요시 여겨진다. 여기서 이 α를 어떻게 설정할지에 대해서는 축적된 과거 데이터부터 시뮬레이션을 거듭하며 오차를 최소화하는 방법이 제일 간단하다. 예를 들어 이동 평균법의 예에 적용한 값을 다시 이용하여 α의 값을 0.2와 0.4로 한 시뮬레이션 결과는 다음과 같다. 또한, 예측치의 초기값은 실적치로 하고, 오차는 절대치로 취득한다.

◆ 시뮬레이션 결과

월	실적치	예측치 ($\alpha = 0.2$)	오차	예측치 ($\alpha = 0.4$)	오차
4	10	10	0	10	0
5	11	10	1	10	1
6	9	10.2	1.2	10.4	1.4
7	7	9.96	2.96	9.84	2.84
8	6	9.368	3.368	8.704	2.704
9	9	8.6944	0.3056	7.6224	1.3776
평균 오차			1.4722		1.5536

시뮬레이션 결과에서 나온 α는 0.2를 채용한 쪽이 오차가 적다는 사실을 짐작할 수 있다. 물론 실제로는 0에서 1 사이를 0.1 간격이나 0.01 간격으로 상세하게 시뮬레이션한다(최적의 α의 값을 자동적으로 산출하는 구조를 준비하거나 준비된 제품을 이용하는 것이 바람직하다). 이 예의 경우 시뮬레이션 결과를 이용하여 10월 예측을 하면 다음과 같다.

$$10월의\ 예측치 = 8.75552 = 8.6944 + 0.2 \times (9 - 8.6944)$$

▌계절 고려하기

앞서 소개한 방법은 계절(일정 주기)에 의한 수요 변동이 예상되는 상품에는 적용되지 않는다. 예를 들어, 겨울 스포츠 상품은 시즌의 입구인 가을이 끝날 무렵부터 동계 수요가 가장 높아지는 기간이다. 따라서, 앞의 예와 같이 6개월 간의 실적치로부터 수요를 예측하면, 시즌의 입구는 수요를 낮게 예측하고, 시즌 끝에는 수요를 높게 예측하게 된다. 다음 예는 알기 쉽게 단순 이동 평균법을 이용하여 예측한 경우이다.

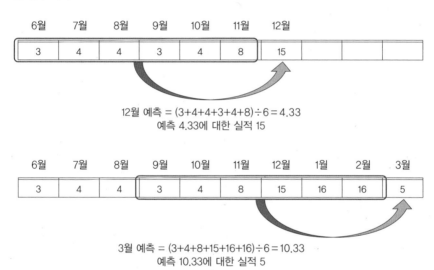

12월 예측 = (3+4+4+3+4+8)÷6 = 4.33
예측 4.33에 대한 실적 15

3월 예측 = (3+4+8+15+16+16)÷6 = 10.33
예측 10.33에 대한 실적 5

◆12~2월 수요가 집중하는 제품 예시(단순 이동 평균법)

여기서 소개한 수치는 어디까지나 예시일 뿐이지만 계절에 따라 수요 변동이 생기는 제품은 오차가 커진다는 사실을 알 수 있다

▌트렌드 고려하기

<u>트렌드</u>란 수요가 증가하고 있거나 감소하는 경향이 있는지를 가리킨다. 여기서 예로 든 6개월의 짧은 기간이 아니라 수년 간의 수요가 증가하고 있는지 아니면

감소하는지를 작년 판매 실적을 통해 파악하는 것이다. 예를 들면 2019~2021년 기간에 판매 실적을 확인했을 때 증가하는 경향을 보였을 경우 2022년 수요는 계속 상승할 가능성이 높다. 그리고 앞에서 언급한 계절에 따른 수요 변동과 마찬가지로 단순한 예측 방법만으로는 이 추세를 판단하여 수요를 예측하기 어렵다.

▌계절·트렌드를 고려한 방법

그렇다면 계절과 추세의 개념을 포함한 수요 추정 방법을 소개해 보겠다. 이는 앞에서 설명한 지수 매니폴드 방법에 추세 고려를 추가하는 방법인 **홀트선형법**, 그리고 더 나아가 계절적 변화에 대한 고려를 추가하는 홀트·윈터스법(Holt-Winters method)이다. 이 방법은 앞서 설명한 지수 평활법을 사용하여 구한 추정치를 추세를 고려하지 않은 추정치 수준을 l_t로 표현한다.

추세는 장기적인 수요 증가 추세, 감소 추세를 나타내는 기울기 b_1, 계절적 수요 변동의 주기를 m(분기 4, 1년 12 등)으로 표현한다. 계절적 변동을 s_t로 표현해. 시계열 데이터 y_1, y_1, $y_1 \cdots y_n$에 대해 다음 표현식에서 추정치인 $\hat{y}$를 도출한다.

$$\hat{y}_{t+h} = l_t + hb_t + s_{t+m-m(k+1)}$$
$$l_t = a(y_t - s_{t-m}) + (1-a)(l_{t-1} + b_{t-1})$$
$$b_t = \beta(l_t - l_{t-1}) + (1-\beta)b_{t-1}$$
$$s_t = \gamma(y_t - l_{t-1} - b_{t-1}) + (1-\gamma_1)s_{t-m}$$

t: 취득 시점, h: 예측 시점(h 상승)

$$k: \frac{h-1}{m} \text{ 의 정수부}$$

여기서 정수 α, β, γ 값 결정은 잔차 제곱합($\Sigma_t{}^n_{-i}(y_t - y_t)$)을 최소로 하는 최적화의 문제이다. 최적화 알고리즘은 여러 가지가 있는데, 일례로 미분을 필요로 하

지 않고 함수의 값만으로 최적화가 가능하며 비교적 손쉽게 이용할 수 있는 **넬더-
미드법**이라는 기법이 있다.

계산식은 이 책에서 다루고는 있으나 수요 예측에서 벗어나기 때문에 통계 해
석을 위해 이용하는 R 언어에서는 optim 함수가 디폴트 방법으로 구현되고 있다.
또어느 정도 당첨을 붙여 지수 평활법과 같은 시뮬레이션을 실시해 최적치를 구해
도 문제가 없다(데이터량이 적고 계산량을 신경 쓸 필요가 없는 경우).

덧붙여 이 방법에서는 데이터량이 적어 계절 변동치를 정확하게 구할 수 없는
경우에 다른 제품의 계절 변동치를 이용할 수 있다(당연히 같은 계절 변동이 전망
되는 제품이어야 한다).

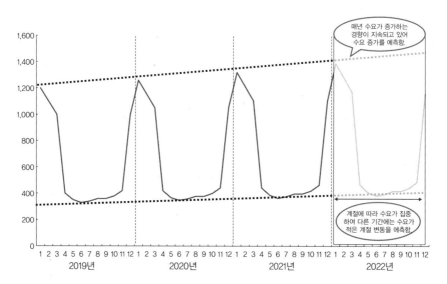

◆**계절·트렌드를 고려한 예측 그래프 예시**

단, 유통 시에 주의해야 할 점으로 같은 카테고리의 상품이라도 다른 계절에 수
요가 변동될 수 있다는 점을 들 수 있다. 예를 들어 등산용품이라는 카테고리가 있
다고 가정하자. 일반적으로는 봄부터 가을에 걸쳐 즐기고 있기 때문에 수요도 그

에 맞춰 변동한다. 그러나 겨울에 등산을 하는 사람도 있다. 겨울에는 봄에서 가을 등산과는 필요한 장비가 다르기 때문에 등산용품 중에서도 겨울에 수요가 있는 제품이 있다. 즉, 한 카테고리에 속하는 전체 상품을 계절에 따라 수요 변동 모델을 적용할 수 없다는 것이다. 결론적으로 **제품별로 각각 수요 변동 모델을 파악해야 한다**는 것이다.

아래 그림에서 나온 카테고리 A 제품은 수요 변동 주기가 동일하기 때문에 카테고리에서 같은 계절 변동값을 설정해도 문제가 없지만, 카테고리 B 내 제품 c는 제품 a·b와는 서로 주기가 다르기 때문에 카테고리에 대해 같은 계절 변동값을 설정해 버리면 정확하게 예측할 수가 없다. 따라서 **제품을 개별적으로 설정, 변경할 수 있도록** 해야 한다.

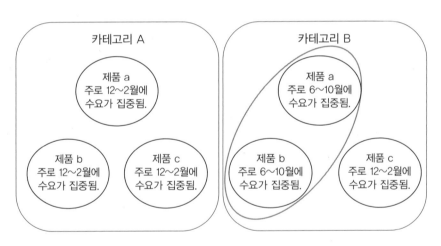

◆ **카테고리 내의 수요 변동 모델에 대한 격차 가능성**

█ 원인을 고려하다

지금까지 소개한 수요 예측 방법은 시계열 데이터를 바탕으로 미래 예측 수치를 구하는 방법이었다. 지금부터는 시점을 바꿔 매출에 영향을 미치는 **원인**

(causal)에 주목한다. 판매에서 말하는 원인이란 기상 정보, 요일, 이벤트, 시간대, 영업 담당자 수, 지리 정보를 말한다. 이러한 원인 데이터를 고려하는 방법을 아래에 소개하도록 하겠다.

회귀 분석법

회귀 분석법이란 목적 변수(미래의 수치)와 설명 변수(causal, 원인)의 관계를 나타낸 계산식인 '예측 모델'을 추정하고 이를 활용한 수요 예측 방법을 말한다. 지금까지 소개한 방법은 계산 데이터를 적용하는 방법으로 예측치를 얻었지만, 회귀 분석법은 예측치를 얻기 위한 계산식인 예측 모델을 구한다.

예를 들면 강수 확률(설명 변수)과 매출(목적 변수)의 관계를 분석하고자 하는 경우 다음과 같이 표현할 수 있다. 그리고 이러한 설명 변수가 단일한 것을 **단회귀 분석**이라고 부른다.

매상 = a(강수 확률)+b

이 강수 확률과 매출에 대해 다음과 같은 샘플 데이터가 주어졌다면 단회귀 분석으로 확인한다.

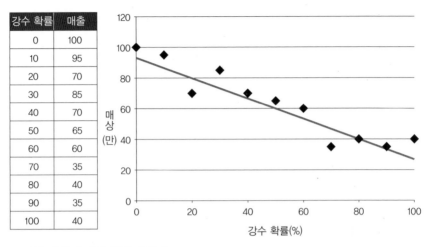

강수 확률	매출
0	100
10	95
20	70
30	85
40	70
50	65
60	60
70	35
80	40
90	35
100	40

◆ 강수 확률과 매출 샘플 데이터

단순하게 샘플 데이터와 산포도(scatter diagram)를 통해 읽을 수 있는 사실은 강수 확률이 높아지면 매출이 떨어지는 경향이 있다는 점이다. 다만 우연에 의한 편차가 있기 때문에 완전히 반비례하지는 않는다. 이 샘플 데이터에서 강수 확률이 있는 값일 때 매출 예측값을 구하려면 제시한 식의 파라미터인 a(기울기)와 b(절편)를 잘 설정하고 샘플 산포도 내 직선을 표현하는 예측 모델을 도출해야 한다.

그리고 이 예측 모델을 사용하여 설명 변숫값에서 목적 변수를 구할 수 있게 된다. 아래의 식은 a와 b를 구해 완성한 예측 모델을 말한다.

$$\text{매출} = -0.651(\text{강수 확률}) + 95.3333$$

또한 a와 b의 값은 지수 평활법이나 홀트·윈터스법과 마찬가지로, **예측치와 데이터 오차가 최소일 때 최적치**가 된다 계산식은 할애하지만 통계 해석 소프트웨어나 R 언어, 표 계산 소프트웨어에는 회귀 분석용 함수나 기능이 표준으로 갖추어져 있기 때문에 a와 b의 값을 구하는 것은 어렵지 않다.

이 샘플에서는 강수 확률을 변수로 하여 매출을 구하는 모델이며, 앞에서 설명한 바와 같이 변수가 단일이기 때문에 단회귀 분석이라고 부르는데, 예를 들어 강수 확률과 시간대를 변수로 하는 변수를 여러 개 갖는 회귀 분석은 **중회귀 분석**이라고 부른다.

▌회귀 분석에 관한 설명 변수의 선택법

회귀 분석을 할 때 주의할 점은 예측 모델에 포함시킬 설명 변수를 어떻게 설정하면 좋을지 잘 검토해야 한다는 점이다. 당연한 이야기지만 설명 변수의 대상으로 목적 변수에 별로 관계가 없는 요소(상관관계가 없음)를 선택하면, 유효한 예측치를 얻을 수 없다. 또한 어떤 데이터를 확인했을 때 상관관계가 있는 듯 보였지만 사실 상관관계가 없는 경우도 있다.

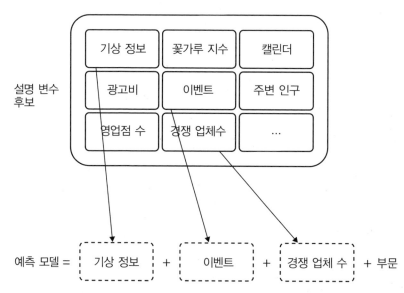

※도표 안의 예측 모델은 편차를 포함한다.

◆설명 변수에는 무엇을 선택하면 좋을까?

또한 이것은 목적 변수를 무엇으로 하느냐에 따라 다르지만, 설명 변수가 너무 적은 경우, 반대로 너무 많은 경우에도 유효 예측치를 얻을 수 없다. 앞의 그림은 몇 가지 설명 변수 후보에서 실제로 사용할 설명 변수의 선택이 필요하다는 것을 보여 주고 있다. 회귀 분석법을 사용하는 데 있어서 중요한 점은 **많은 설명 변수 후보 중에서 무엇을 선택하고 무엇을 선택하지 않느냐** 하는 것이다.

그러나 실제 설명 변수에는 여러 가지 요소가 등장하는 것을 쉽게 예상할 수 있다. 대량의 설명 변수 후보를 대상으로 예를 들어 표 계산 소프트웨어를 이용해 모든 조합을 시도하고 최적의 선택 조합을 도출하는 방법은 오히려 현실적이지 않다. 아래에 두 가지 선택 방법을 소개하려고 한다. 여기서 일반적으로 사용되는 방법은 후자인 변수 증감법(forward-backward stepwise selection method)이다.

강제 투입법

모든 설명 변수 후보를 사용하여 예측을 수행하는 방법을 말한다. 하지만 앞서 언급한 대로 설명 변수 후보를 선택하지 않을 것이라는 판단도 중요하다. 그렇기 때문에 대량의 설명 변수 후보를 강제 투입법의 대상으로 삼기 전에 사전에 어느 정도 수를 좁힌 다음 이 방법을 실시해야 한다. 다시 말하지만 **상관없는 설명 변수가 섞이면 예측 정확도가 떨어지므로 주의**해야 한다.

변수 증감법

이 방법에는 몇 가지 종류가 있는데 이 책에서는 **변수 증감법(스텝 와이즈법)**을 순서에 따라 예로 들어 이야기하려고 한다. 덧붙이자면 그 외의 방법으로는 변수 증가법, 변수 감소법, 변수 감증법이 있다.

변수 증감법은 설명 변수 후보에서 하나씩 가져오기, 제거 작업을 하면서 예측 모델을 만들고 모델을 평가하여 최종적으로 최적의 설명 변수 조합을 탐색하는 방법을 말한다. 따라서 강제 투입법과 달리 **사전에 변수 후보를 좁히지 않아도 최적의 조합을 구할 수 있다**. 하지만 계산량도 그만큼 늘어난다.

또한 어디까지나 계산한 결과로 최적이라고 판단된 설명 변수가 선택되기 때문에 전문적인 관점에서 불필요하다고 판단해야 할 변수가 도입되거나 필요한 변수가 제외될 가능성이 있다. 따라서 선택된 설명 변수가 타당한지에 대해 별도로 판단해야 한다.

또한 회귀 분석법은 앞서 소개한 홀트·윈터스법에서 고려 가능한 계절 변동이나 트렌드라고 하는 요소가 없는 상태를 단정하고 있기 때문에 계절 변동이나 트렌드가 있는 제품에 대한 예측에는 충분한 효과를 발휘할 수 없으므로 주의해야 한다. 다음 페이지의 그림은 변수 증감법을 이용한 설명 변수 선택 흐름을 말한다. 구체적으로는 이하의 처리를 반복함으로써 최적의 조합을 도출한다.

① 어떤 설명 변수가 선택된 상태의 예측 모델이 있다.

  ※ 처리 시작 시 예측 모델이 없는 상태

② 선택되지 않은 설명 변수 후보 중 하나를 선택하여 예측 모델에 추가한다. 평가 지표(예측치와 데이터의 오차)를 계산한 후 예측 모델에 추가한 설명 변수를 제외하고 예측 모델을 원래대로 되돌림.

③ 선택되어 있는 설명 변수 후보에서 1개 선택하여 예측 모델에서 제외한다. 평가 지표(예측치와 데이터의 오차)를 계산한 후 예측 모델에서 제외한 설명 변수를 추가하여 예측 모델을 원래대로 되돌림.

④ 전체적으로 평가 지표의 계산 결과에서 가장 좋은 평가 지표가 된 예측 모델과 처리 1의 평가 지표를 비교하고, 더 좋은 평가 지표의 경우 처리 1의 예측 모델로 채용한다. 처리 1의 예측 모델과 평가 지표를 비교하여 나빠질 경우 최적의 조합이 판명되었다고 판단하여 처리 완료가 된다.

첫 번째 그림은 처리 개시를 가리키고 있기 때문에 아직 설명 변수를 선택하지 않은 상태다. 그리고 모두 시도한 결과, 기상 정보가 가장 좋은 평가로 선택되었다. 다음, 이미 선택되어 있는 기상 정보에 선택되지 않은 설명 변수를 모두 시도한다 (그림 중 두 번째). 그 결과, 기상 정보, 이벤트의 조합이 최적이라고 판단되어 선택 되었다고 하면(여기서 기상 정보를 제외하는 것은 예측 모델이 성립하지 않기 때문 에 생략한다.), 마찬가지로 기상 정보, 이벤트를 선택한 예측 모델에 선택되지 않은 설명 변수를 모두 시험하는 것 외에, 이벤트 어느 쪽을 제외한 패턴이라도 시도하여 (그림 중 세 번째), 보다 좋은 예측 모델을 찾아가는 것이 변수 증감법이다.

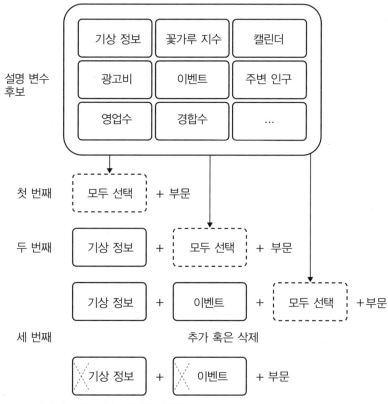

※그림 안에 나온 요소는 일부분 포함한다.

◆**변수 증감법으로 인한 설명 변수 선택의 흐름**

▌수요 예측에 관한 AI의 활용

최근 인공지능을 활용한 데이터 해석을 이용할 수 있게 되었는데, 수요 예측도 동일하다. 과거의 매출 데이터로부터 학습하여 예측치를 계산하고, 앞에서 언급한 기상 데이터로부터 최근의 예측을 보정하는 등의 기능이 제공되고 있다. 단, 모든 것이 완벽하지는 않으며 학습 데이터의 부족으로 불안정한 예측이 되고, 인공지능이 실제로 어떤 계산을 하고 있는지 알 수 없는(블랙 박스화) 등 문제점도 당연히 있다. 어디까지나 수요 예측의 한 방법으로 생각할 필요가 있다

▌수요 예측은 어디까지 이루어져야 할까

수요 예측에는 앞에서 말한 것처럼 다양한 방법이 있고, 제품마다 고려해야 하는 내용도 다양하다. 거기다 수요를 예측하는 행위는 **어느 정도 비용이 든다**. 모든 제품에 대해 정밀한 수요 예측을 하는 것이 이상적이지만, 그 결과 관리 비용이 높아지는 경우가 있다. 결품 없이 판매할 수 있고 재고량도 충분히 억제할 수 있었지만 수요 예측에 비용을 들였기 때문에 이익이 나지 않으면 주객이 전도하는 상황이 발생한다. 따라서 중요한 제품에 대해서만 정확한 예측을 하고 다른 제품에 대해서는 대략적인 예측만 하는 것도 하나의 선택일 수 있다.

◆ 상품별 수요 예측 방법 선택

상품	중요도	재고 비용	결품 영향	채용 예측 방법
AAAA	고	고	고	다중 회귀 분석법
BBBB	고	고	고	홀트 · 윈터스법
CCCC	저	저	저	산술 평균법
DDDD	중	저	중	지수 평균법

※ 채용 예측 방법은 이 책의 예시

▌수요 예측의 활용법

설령 모든 제품이나 중요한 제품에 대해 그 시점에서 최선의 수요 예측을 할 수 있다고 해도 오차는 반드시 발생한다. 수요 예측에서 정확한 수요를 예측하는 것이 중요하다는 점은 말할 것도 없지만, 마찬가지로 **오차가 발생했을 때 오차의 요인을 분석하여 향후 예측에 활용함으로써 보다 예측의 정확도를 높이는 것이 중요**하다.

오차에는 크게 '없앨 수 있는 오차'와 '없앨 수 없는 오차'가 있다. 안타깝게도 '없앨 수 없는 오차'는 안전 재고의 개념에서 그 오차를 포함해 관리를 해야 한다. 한편 '없앨 수 있는 오차'는 요인을 분석한 후에 활용함으로써 오차를 최소화할 수 있으며, 거의 모든 기업이 판매 계획의 책정, 실적과의 비교, 미달 시 원인 조사 및 대책 등 PDCA(Plan, Do, Check, and Action) 사이클을 돌리고 있다. 판매뿐만 아니라 수요 예측도 PDCA 사이클을 돌려 예측의 개선을 도모하는 것이 중요하다.

▌판매 관리 시스템에서 수요 예측 기능의 위치 정하기

수요 예측 기능은 이 장의 주제인 판매 관리 시스템의 기능 중 하나인 경우, 또는 수요 예측 시스템으로 연계되어 있는 경우 등 시스템으로서 몇 가지 구성을 생각할 수 있으며, 기존 패키지를 도입한다면 그 패키지의 구성에 따르게 된다. 그런데 여기서 중요한 것은 판매에 크게 관여하고 중요한 역할을 담당한다는 점이다(판매 관리 시스템의 주요 기능은 6-4에서 설명하도록 하겠다).

또한 수요를 예측하기 위해서는 과거의 실적이 필요하고, 수요의 정확도 향상에도 실적과의 비교가 필요하다. 또한 판매 관리 시스템에 축적하는 데이터를 반드시 활용하게 되므로, 각각 독립된 상태로 도입하는 것이 아니라 연계할 수 있는 형태로 도입하는 것이 바람직하다.

6-3 판매 형태

소매업 · 도매업별로 상품의 판매 형태를 확인한다

▌판매 형태는 크게 두 가지로 나뉜다

여기서부터는 구체적으로 상품을 판매하는 데 있어 우선 어떤 판매 형태가 있는지에 대해 확인한다.

우선 판매 형태를 크게 나누면 다음 두 가지로 나눌 수 있다. 하나는 주로 개인 또는 가정, 이른바 일반 소비자에게 상품을 판매하는 소매업이다. 이 책의 독자도 일반 소비자 중 한 사람이기 때문에 금방 상상할 수 있을 것이다. 다른 제조업이나 농가 등 생산자의 판매, 그 생산자로부터 상품을 구입하여 소매업자에게 재판매하는 업자, 기업에 대한 대량의 업무용 상품 판매, 관공서 등 공익 구매자에 대한 판매 등 도매업이다.

소매업에서의 판매 형태

소매업의 판매 형태는 크게 두 가지로 나눌 수 있다. 하나는 거리에 점포를 두고 그곳에서 상품을 판매하는 점포 판매가 있다. 백화점이나 슈퍼마켓 등의 실제 점포를 갖는 형태가 점포 판매에 해당하며, 다른 하나는 이 실제 점포를 갖지 않고 상품을 판매하는 무점포 판매이다. 방문 판매나 통신 판매 등은 무점포 판매로 분류한다.

도매업의 판매 형태

도매업의 판매 형태이지만 일반 소비자에게 판매하는 소매업과 비교하면 기업

점포 판매

- 백화점
- 슈퍼마켓
- 편의점
- 쇼핑 센터
- 드러그 스토어(올리브영 등)
- 생활용품 종합 점포 등

무점포 판매

- 방문 판매
- 자동 판매기
- EC 웹 사이트(전자상거래)
- 전화 판매
- 카탈로그 판매 등

◆소매업의 판매 형태별 구체적 예시

간의 거래인 도매업은 대규모 거래가 된다. 일반적으로 영업 사원의 방문이나 카탈로그 제공 등 채널은 다양하지만, 상품을 판매하는 쪽의 영업 사원과 상품을 구입하는 쪽의 구매 사원의 상호 작용을 통해 판매가 이루어지는데, 최근에는 EC 사이트의 등장으로 도매업에서도 EC 사이트의 활용이 증가하고 있다. 제조업을 경영하는 기업도 주요 판매처는 다른 기업이지만 일부는 일반 소비자에게 직접 판매하는 경우도 있는데, 이 경우 일반 소비자에게 직접 판매하는 것은 소매업이 된다.

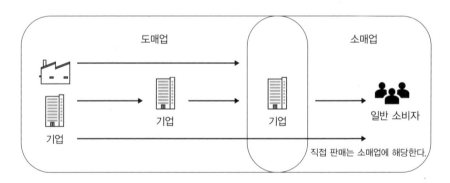

◆판매 형태의 전체 이미지

▌구체적인 판매 형태

그러면 상품을 판매하는 데 있어서 구체적으로 어떻게 상품을 고객에게 인도할 것인지에 대해 알아보자. 우선 첫 번째로 점포 판매를 대표로 하는 매장에 구입자가 방문해, 그 자리에서 구입하고 상품을 인도하는 매장에서 판매를 실시하는 형태이다. 또 한편, 카탈로그나 EC 사이트, 견본품의 전시는 실시하고 있지만 그 자리에서의 상품의 인도는 실시하고 있자 않는 등 점포 판매를 실시하지 않는 판매 형태의 경우, 상품을 주문한 이후에 상품이 인도된다.

이러한 판매 형태의 차이는 구매자 측 관점에서는 그렇게 큰 차이가 없다고 느낄지도 모르겠으나 판매 관리 관점에서는 필요한 기능이 다르다.

▌판매에 관한 흐름

점포 판매를 하지 않는 형태의 흐름은 주로 '**문의**', '**견적**', '**주문**', '**수주**', '**출하**', '**납품**', '**대금 청구**', '**대금 회수**'와 같은 흐름으로 이루어진다. 한편 점포 판매를 하는 경우 대부분의 절차가 생략되지만, 그렇다고 다른 판매가 이루어지는 것은 아니므로 이 페이지의 흐름을 바탕으로 다음 절부터 판매 관리 시스템에 요구되는 주요 기능을 확인한다.

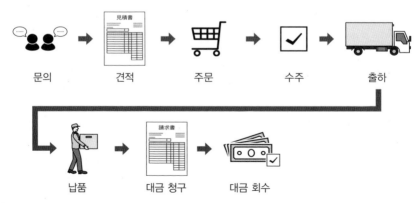

| 문의 | 견적 | 주문 | 수주 | 출하 |

| 납품 | 대금 청구 | 대금 회수 |

◆ **점포 판매를 하지 않는 판매 형태의 흐름**

문의에서 발주까지

판매별 흐름에서 판매 관리 시스템에 필요한 기능

판매 시 관리하는 대상 항목

다시 한번 이야기하면 판매란 **'거래처'**에 판매 대상인 **'물건'**을 제공하고 대가를 **받는 것**이다. 그리고 이 판매에서 관리할 대상이 되는 항목은 '무엇'을 '얼마나', '누구'에 대해 '언제까지', '얼마'로 판매할 것인지, 또 '대금 회수일'은 언제인지 등이 대표적인 정보이다. 또한 이 책은 재고 관리에 관한 서적이므로 2장에서 설명한 대로 '물건'의 판매에 대해 기재하며 '서비스'는 대상에서 제외한다.

앞 절의 설명에 따라 판매 흐름과 시스템이 어떻게 진행되어야 하는지 확인한다.

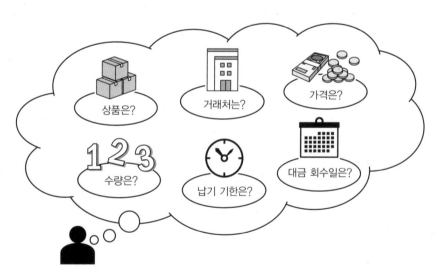

◆ 대표적인 판매 정보

우선은 문의부터 하자

'상품 A를 가지고 싶다'는 거래처의 요망을 '<u>문의</u>'라고 하고 이 문의가 시작된 시점부터 판매 관리 시스템의 관리가 시작된다. 그리고 거래처에서 문의가 왔을 때 상품을 어떻게 판매하고 있는지에 따라 대응이 달라진다.

사례 1: 매대에서 판매

이 경우는 상품이 매장에 진열되어 있는 수량만 알 수 있다면 한눈에 파악할 수 있다. 뒤에 따로 보관되어 있어 모르는 부분이 있다면 모르는 그 시점에서 재고 관리 시스템과 연계하여 재고를 파악할 수 있는 기능이 필요하다. 이때는 실시간 데이터가 필요하므로 판매 관리 측에서 재고 수량을 변경할 수 있어야 한다.

사례 2: 매대 이외의 장소에서 판매

문의가 있었던 시점에서 현재 **유효 재고 수**(판매 가능한 재고 수)를 확인하고, 현재 상품의 판매가 가능한지 확인할 수 있어야 하며 유효 재고 수가 부족한 경우에는 언제까지 매입·생산이 가능한지(언제 유효 재고 수가 충족되는지)를 확인하여 거래처에 전달한다.

사례 3: 판매할 때마다 판매 가격이 변동한다

이 경우는 즉시 판매 가능한지 여부를 판단하지 않고 후속 공정에 있는 견적으로 이동한다.

판매 관리 시점에서 살펴본 재고의 종류

앞에서 이야기한 바와 상관없이 판매 관리 시스템은 재고 관리 시스템과 연계하여 재고를 관리해야 할 필요가 있다. 왜냐하면 재고의 종류에는 판매 가능한 재고와 판매 불가능한 재고가 있기 때문이다. 전자를 충당 재고라고 표현하고, 이미

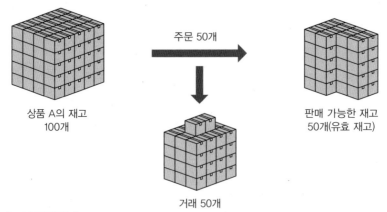

주문 50개

상품 A의 재고
100개

거래 50개

판매 가능한 재고
50개(유효 재고)

◆ 재고를 구별하다

판매처가 정해진 확정 재고, 캠페인에 사용하거나 앞으로 생산할 계획 재고를 **유효 재고**라고 표현한다.

이러한 구별이 없으면 판매 가능한 수량을 판단할 수 없기 때문에 출하 작업 시에 사실상 재고가 부족했을 가능성도 생긴다. 그래서 판매 관리 시스템에서는 **재고를 구별하기 위해 유효 재고에서 재고를 충당한다.** 예를 들어 창고에 있는 재고라고 해도 유효 재고로 간주하지 않고, 이 시스템을 통해 이중으로 당겨지는 것을 방지할 수 있다.

▌문의 시의 정리

문의는 몇 가지 경우로 나눌 수 있다. 문의는 주로 재고 거래와 관련되어 있는데, 첫 번째로 매장 판매는 대체로 문의와 동시에 상품이 인도되기 때문에 개수의 변경 기능이 필요하다고 앞에서 말한 바 있다(단, 예약 등의 경우 때문에 거래가 없는 건 아니다).

한편, 두세 번째 경우에서는 아울러 다음 페이지의 그림처럼 나타난다. 모두 이때 경우에 따라서는 납기 확인·제시 후에 일단 거래처에서 '답변을 보류하고 싶다.'는 경우도 있을 것이다. 그리고 그 후 무언가 잘못될 가능성도 있겠지만 어쨌든 구입 가능성에 대비하여 (임시) 재고를 충당할 필요가 있다.

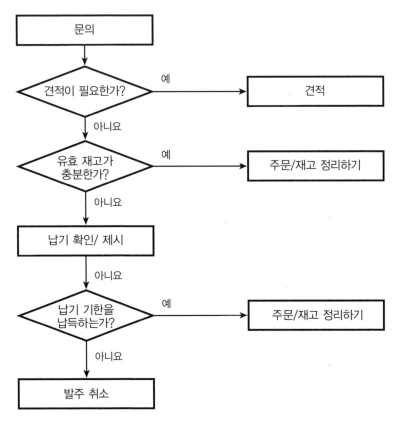

◆ **거래 시의 순서도**

▌문의 다음은 견적

다음 공정은 견적으로 넘어간다. 앞에서 말한 것처럼 주로 판매 가격이 변동하는 상품, 혹은 첫 거래 상대의 경우에 이 공정이 있다. 견적이 사례 1, 사례 2와 같은 경우에는 이 공정은 당연히 불필요하므로 건너뛰고, 사례 1이면 대금 회수, 사례 2라면 수주와 각각 다음 공정으로 넘어간다.

일반적으로 '상품', '수량', '금액', '납기', '납입 장소', '지불 조건', '견적 유효기간' 등 판매와 관련된 내용을 결정해 **견적서**에 기재한다. 단골 고객으로부터의 문의에 대한 회답이 되며, 이 견적 공정 후에는 단골 고객으로부터의 주문 공정으로 진행되는데, 그 사이에 단골 고객 자사 사이에 견적 조건의 조율이 이루어지는 경우도 있다.

▌견적 공정이 필요한 기능

견적서 작성도 거래 정보를 판매 관리 시스템에 입력함으로써 자동 생성되면 업무 효율화로 이어지기 때문에 필요한 기능이다. 예를 들어 기존 거래처라면 요율이나 납품 장소, 지불 조건 등은 거래처 관리의 일부이다.

또한 재고 관리 시스템과의 연계라는 관점에서는 **납기 결정과 동시에 재고 관리 시스템과 연계하여 재고를 할당**할 필요가 있다.

▌주문과 수주

거래처에 제시한 견적서의 내용이 거래처에서 승인되면 거래처에서 견적서를 토대로 작성한 주문서(발주서)가 발송되는데, 이는 거래처가 정식으로 상품을 주문하겠다는 의사 표시다. 주문서를 받아 내용을 확인한 후 주문서를 받겠다는 의사표시로 **주문 요청서**를 작성하여 단골손님에게 송부한다.

이상의 절차를 거쳐 계약을 체결하고 수주에 도달한다(또한 매매 계약은 서면이 없어도 성립하기 때문에 주문서 작성은 생략되는 경우가 많다).

▌판매 관리 시스템에서의 상태 업데이트

계약이 체결되면 **판매 관리 시스템상의 상태도 '견적'에서 '수주'로 전환하고**, 이 단계에서 **임시 재고 비중을 정식 재고 비중으로 갱신한다.**

이후에는 거래처와 자사가 합의한 조건에 따라 상품을 거래처에 인도할 준비를 시작하고, 당연히 판매 관리 시스템은 재고 관리 시스템이나 생산 관리 시스템 등과 연계하여 거래처에 상품을 인도하고 대가를 회수할 때까지 관리한다.

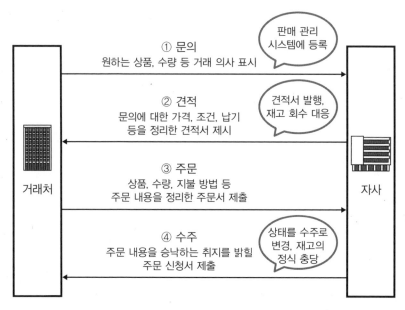

◆ 상품 문의부터 수주까지의 흐름

▌수주에서 출하까지

수주 작업 후에는 합의된 조건에 따라 상품을 단골 고객에게 인도하기 위해 출하 작업에 들어간다. 주의할 점은 수주 후에 매입·생산에 착수하는 상품이나, 수주에서 납품까지 간격이 있는 경우에는 수주 시의 조건부터 변경될 가능성이 있다 (단골 고객과 자사가 합의한 상태). 예를 들어 거래처의 사정으로 납품 장소가 거래처의 거점 A에서 거점 B로 변경되었거나, 일괄 납품이 분할 납품으로 변경되었거나, 또는 기기 고장 등으로 생산이 늦어지는 등 자사의 사정에 따라 납품 기한을 연장할 수밖에 없는 상황도 있을 것이다. 어떤 경우에도 **판매 관리 시스템은 주문**

데이터를 업데이트할 수 있어야 한다. 그러나 항상 데이터를 업데이트할 수 있는 상태를 유지하다 보면 실수로 업데이트할 수 있기 때문에 **주문 후에는 데이터를 잠그고 필요에 따라 잠금 해제, 등록 데이터 업데이트 및 다시 잠그는 절차를 거쳐야** 한다.

6-5 출하에서 대금 회수

판매 형태에 따른 공정의 차이를 이해하고 재고·회계 관리 시스템과 연계하여 관리를 개선한다

▌거래처로 출하하기

이번 페이지부터는 상품을 출하시키는 흐름에 대해 확인해 보려 한다. 먼저 출하 작업에 필요한 **출하 지시서**를 작성하고 출하 지시서는 수주 데이터와 재고 데이터를 바탕으로 작성한다. 이때 출하일, 납품처, 납품 상품 수량, 재고 보관 장소 등의 정보를 기재한다. 출하 담당자는 이 출하 지시서에 따라 상품을 모으는 **피킹**, 출하 지시서의 내용과 수집된 상품·수량을 체크하는 **검품**, 수집된 상품의 **포장**과 작업을 진행한다.

또한 포장 발송 후에는 단골 납품처에 상품을 전달하는 납품이 되므로, 납품서·납품서 사본, 수령서 등의 납품 시 필요한 서류를 작성한다.

시스템상에서는 출하 지시를 내리는 단계에서 '**출하 준비**'로 상태를 업데이트하

출하 지시서

주문 번호:
출하 지시일:
거래처:
납품일:

#	상품 ID	상품명	보관 장소	수량
1	A-1234	○○○○	01-2F-E	10
2	A-5678	△△△△△	01-3F-D	30
⋮				

◆출하 지시서 이미지

155

고, 상품이 포장된 단계에서 '**출고 완료**'로 업데이트하여 상황을 파악할 수 있도록 하며, 재고 관리 시스템과 연계하여 재고 보관 장소를 **출하 대기 장소**로 변경한다.

모든 준비가 완료되면 배송 차량에 짐을 싣고 발송하며, 상태를 '**배송 중**'으로 변경하고 재고 관리 시스템과 연계하여 출하한 상품을 재고 데이터에서 제외한다.

▍거래처로 납품

납품처에 상품이 도착한 후 거래처에 상품을 인도한다. 이때 '납품일', '거래처', '상품', '수량', '단가', '금액' 등이 기재된 납품서를 전달하고, 거래처가 해당 상품을 받았음을 증명하는 수령증에 사인을 하면 납품이 완료된다.

이 단계에서 판매 관리 시스템의 상태는 '**납품 완료**', 거래처의 검수가 완료된 후에는 '**검수 완료**'가 되어 다음 공정으로 넘어간다. 또한 이 시점에서 본 수주에서 재고 관리 시스템과의 연계는 종료되며, 이후에는 회계 관리 시스템과 연계하게 된다.

그리고 상품 인도와 동시에 현금으로 대금을 회수하는 계약의 경우에는 청구서를 건네받아 대금 회수를 증명하는 영수증을 단골 고객에게 전달하면 판매 관리 시스템상에서 '**완료**' 상태가 된다.

▍대금 회수 타이밍

여기서 한 번 6-3을 돌아보도록 하자. 대부분의 점포에서는 일반 소비자가 상품을 인도받기 전에 대금을 지불한다. 하지만 이 경우에는 그 자리에서 대금을 청구 및 회수하여 상품을 납품하게 된다(해당 판매 형태라면 전술한 바와 같이 여기까지의 흐름을 건너뛰기 때문에 시스템에서 관리하지 않는다).

한편, 대부분의 기업 거래에서는 현금을 이용하기 때문에 그 자리에서 지불은 하지 않고 일정 기간(대략 1개월) 이내에 거래 금액을 일괄 지불하는 형태의 **외상 거래**가 행해진다. 판매원은 납품 시에 대금의 회수를 실시하지 않고, 후일 회수한다.

▋대금 청구

그렇다면 판매 관리에서 마지막 공정인 대금 청구 및 회수를 확인해 보도록 하자. 거듭 말하지만, 기업 간 거래의 대부분에서 외상 거래가 이루어지고 있으며, 이것은 대금의 지불 조건의 하나로서 수주 시(계약 시)에 단골 거래처와 자사에서 합의하고 있다. 외상 거래의 일정 기간은 일반적으로 1개월이므로 이후에는 1개월로 취급한다.

우선 거래처의 청구 마감일에 따라 거래처에 대해 마감일까지 검수가 완료된 거래의 청구서를 작성하여 송부한다. 즉, 회수 가능한 시점에서 미회수 대금 지급을 청구하는 것이다. 예를 들어 월말이 마감일이라면 1월 10일에 검수가 완료된 단가가 100원인 납품물 A×1,000개가 있다고 가정하면, 1월 31일까지 10만 원을 청구하게 된다. 청구서에는 '거래처', '청구일', '매출 금액', '소비세', '청구 금액', '거래 명세', '지불 기일' 등을 기재한다. 여기서 대금 청구 처리를 했으므로 판매 관리 시스템상의 상태는 '**청구 완료**'로 변경된다.

또한 외상 거래에서 매출 계상되었지만 회수되지 않은 대금을 외상 판매 대금이라고 표현한다(매출 계상에 대해서는 8-2에서 설명하겠다).

▋대금 회수

거래처는 청구서를 확인하고 지불 기일까지 입금(일반적으로는 은행 송금)을 한다. 그리고 회사에서는 지불 기일까지 대금이 입금되어 있는지, 청구 금액과 차이가 없는 것을 확인하고 문제가 없으면 판매 관리 시스템에서 '**완료**'로 처리하는데, 1개의 수주와 관련된 출하, 납품, 청구, 회수의 모든 공정이 완료된다. 물론, 청구 내용에 오류가 있는 경우나 거래처로부터 입금되지 않은 경우는 완료되지 않는다. 정확하게 대금의 회수가 완료될 때까지 관리를 실시한다.

▌판매 형태에 의한 공정 차이

앞 페이지에서 말한 것처럼 대부분의 점포는 지금까지 설명한 대부분의 공정을 건너뛰고, 일반 소비자를 타깃으로 한 전자상거래 사이트라면 대금의 청구·회수는 주문 확정 시점에 완료되는 경우가 대부분이다. 또한 가격이 변동하지 않는 상품이라면 견적은 필요 없다.

이처럼 판매 형태에 따라 판매 관리 시스템에 요구되는 기능에는 차이가 있는데, 패키지를 도입하든 자사에서 시스템을 개발하든, **회사에서 취하는 판매 형태에 따라 필요한 기능을 파악할 필요**가 있다.

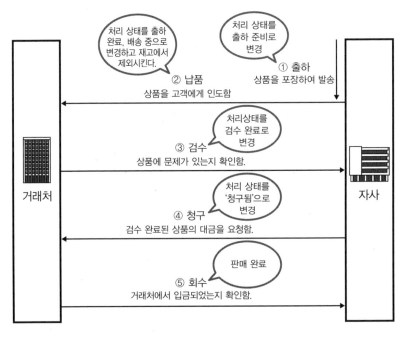

◆출하될 때부터 회수될 때까지의 흐름

6-6 반품 대응

이유에 따라 재고 취급을 판단하고, 판매 관리 시스템에 수주 데이터를 다시 등록하는 구조

▌납품된 물건의 반품 요청

단골 고객에게 납품한 상품 중 일부 또는 전부가 수용 불가 판정을 받아 반품을 검토해야 하는 경우가 있다. 예를 들면 주문한 상품과 납품받은 상품이 다르거나 주문한 수량과 다른 경우, 단골 고객의 검수 공정에서 불량이 발생한 경우가 있다. 그리고 결과적으로 반품 요청을 수락하면 **반품** 처리가 시작된다.

▌상품 반품

회사에서는 이러한 경우를 대비하여 판매 관리 시스템에는 반품에 대응하는 기능이 필요하다.

우선 판매 관리 시스템으로 인해 반품이 되는 경우 상품 내용이나 수량 등의 데이터가 잘못 등록되어 있기 때문에 반품에 대응하기 위해서는 **잘못된 데이터를 보정하기 위한 데이터를 별도로 등록**해야 한다. 그리고 실제로 물건이 거래처에서 다시 창고로 돌아오기 때문에 재고 관리 시스템과 연계하여 재고 수를 늘릴 필요가 있다. 상품이나 수량의 오류라면 자사에서 검품한 후에 다시 판매 가능한 재고로 취급할 가능성이 있지만, 불량으로 판단된 상품은 수리나 파기처럼 취급하게 될 것이다. 따라서 반품 이유에 따라 **어떤 재고로 취급할지**를 판단해야 한다.

물론 반품된 재고를 어떻게 처리하느냐는 기업에 따라 다르지만 각각의 케이스에 대해 재고를 어떻게 취급하는지 조사하고, 판매 관리 시스템에서 반품 이유를 재고 관리 시스템과 연계하여 재고 취급을 컨트롤한다.

159

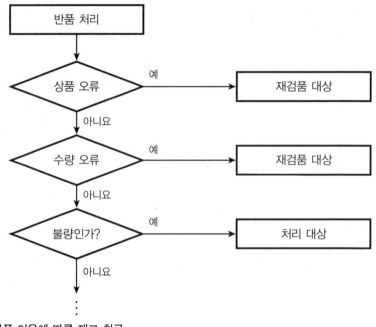

◆ 반품 이유에 따른 재고 취급

▎판매 관리 시스템에서의 반품 대응

반품의 원인에 따라 판매 관리 시스템에서의 대응이 다르다. 만약 납품한 상품의 수량이 주문보다 많아서 반품이 된 경우에는 납품 수량을 잘못한 원인으로 수주 데이터에 오류가 있었거나 검품 작업에서 오류가 발생했을 수 있다.

판매 관리 시스템이 원인인 전자의 경우에는 **마이너스 수주로 판매 관리 시스템에 등록한다.** 그리고 판매 관리 시스템 내의 데이터는 통상적인 수주 데이터와 마이너스 수주 데이터를 합산하여 정상적인 수치로 처리할 수 있다. 수주 데이터의 오류로 인한 수량 부족이나 상품 오류의 경우도 마찬가지이며, **원인 분석을 위해 일련의 수주 데이터는 연계하여 관리**해야 한다. 이 기능은 거래처가 기업인지 일반 소비자인지는 관계가 없다.

#	날짜	거래처	상품	수량	단가	구분	관련	비고
1	XXXX/XX/01	○(주)	△△	1,000	100원	수주		
2	XXXX/XX/02	☆(주)	△△	1,000	100원	수주		
3	XXXX/XX/03	○(주)	△△	−1,000	100원	반품	#1	수주 데이터 오류

◆발주 데이터 수정

오류 대응

앞에서 말한 것처럼 반품이 발생했을 때는 판매 관리 시스템에 새로운 수주 데이터를 등록하여 오류를 바로잡는 것이 바람직하다. 그러나 만약 사내 규정으로 마감 처리 전의 데이터라면 직접 갱신이 가능하고 잘못된 수주 데이터를 직접 보정할 수 있는 타이밍이 있다. 직접 데이터를 보정하는 작업은 업무 효율이 좋을 수도 있겠으나 수정 이력을 따라잡기 어렵기 때문에 권장하지 않는다.

본래의 모습으로 운용하다

6-6에서는 반품 대응을 예로 들어 판매 관리 시스템의 바람직한 모습, 바람직하지 않은 형태를 소개했다. 업무 효율의 향상은 중요한 점이지만, 앞에서 이야기한 바와 같이 판매 계획과 판매 실적의 차이를 분석하여 개선을 도모하는 것이 더 중요하다.

수요 예측과 실적의 차이를 분석하여 예측 정밀도의 개선을 도모하는 것과 마찬가지로, **판매 공정에서의 오류를 올바르게 축적하여 개선에 활용하는 것**이 중요하다.

6-7 판매 관리 시스템의 역할

기존의 사무 처리를 효율화한다

판매 관리 시스템이 해야 할 기능

이 절에서는 재고 관리 시스템에 수반되는 시스템으로서 판매 관리 시스템을 소개하고, 마지막에 판매 관리 시스템의 역할에 대해 정리한다.

지금까지 보면 알 수 있듯이 판매 관리 시스템의 역할은 주로 사무 작업 효율화다(수요 예측은 제외). 기업의 근간을 이루는 판매와 관련된 부분이기는 하지만 업무를 근본적으로 재검토하여 실적을 대폭 개선하는 데까지 이르지는 않는다. 이 때문에 그저 그런 이미지를 갖게 될 수도 있을 것이다. 반면 판매 관리는 현재 잘 되고 있기 때문에 굳이 시스템화하지 않아도 된다고 생각하는 사람도 있을 것이다.

◆판매 관리 시스템의 기능 일람

기능	개요
판매 계획 등록	• 성과를 비교하기 위해 필요함. • 다른 시스템이나 데이터에서 가져오는 형태도 괜찮음.
예측 필요	• 판매 계획 수립을 지원하기 위해 필요함.
판매 과정 관리 (재고 관리와 연계)	• 판매 시 각 공정을 관리하기 위해 필요함. • 판매 형태에 따라 필요한 기능이 다름.
판매 실적 축적	• 계획과 비교하기 위해서 필요함. • 판매 공정 관리를 통해 실적을 축적함.
계획과 실적의 집계	• 계획 및 실적을 참조하고 싶은 형태로 집계할 수 있는 기능이 필요함. • 기업마다 집계 방법이 다름.

판매 관리의 시스템화가 가능하면 시스템화 해야 한다

시스템을 이용하지 않고 판매 관리를 하는 경우에는 주로 종이나 표 계산 소프트웨어를 이용할 것이다. 이 경우 데이터 축적은 가능하더라도 참조가 쉽지 않다. 또한 판매 공정 관리를 예로 들면, 각 공정에서 담당자가 각종 서류를 손으로 작성하기 때문에 정보를 잘못 작성하지 않도록 매번 주의 깊게 작성해야 하며, 그에 따른 시간이 소요될 것이다.

반면 시스템화 되어 있는 경우, 데이터의 참조는 시스템을 경유하여 가능하기 때문에 매우 쉬워지고, 참조하고 싶은 사람도 필요한 타이밍에 데이터를 참조할 수 있다. 또한 각종 서류의 발행은 시스템에 입력된 데이터를 근거로 자동 작성된다.

그리고 정보의 오류에서 주의해야 할 것은 입력 시(등록/갱신 시)이며, 각 서류 발행 시에 주의해야 할 점은 없다(물론 올바른 정보인지 확인은 필요하다). **판매 관리 시스템을 개발하여 도입하고 이용하는 것은 업무의 효율화 그리고 실수 방지에 공헌한다.**

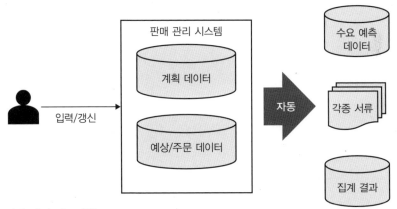

◆ 판매 관리 시스템화

이러한 사무 작업의 효율화는 앞에서 말한 대로 업무가 순조롭게 진행되고 있을 때에는 판매 관리 시스템을 개발·도입함으로써 업무의 대폭적인 효율화를 기대할 수 있다고 해도 실제로는 검토조차 되지 않을 가능성이 있다.

물론 도입해도 업무 효율이 그다지 개선하지 못할 가능성도 있지만, 개선할 수 있는지 없는지 판단하는 것은 시스템을 이해하는 엔지니어의 몫이다. 회사의 상황을 확인하여, 판매 공정에 시간이 걸리는 경향이 있거나 판매 공정에서 실수가 많은 상황이 있다면 판매 관리 시스템의 도입을 검토해 보자.

제 **7** 장

재고 관리
관련 시스템(3)
-구매 관리

구매 관리 체제

구매 관리 시스템을 도입하기 전 체제를 정비하여 다양한 장점을
충분히 살리도록 하자

┃구매 관리 시스템이란?

재고 관리 시스템에 수반되는 시스템으로서 **구매 관리 시스템**이 있다. 구매 관리 시스템도 기업이 사업 활동을 계속해 나가는 데 없어서는 안 되는 기간 시스템의 하나라고 할 수 있고 특히 제조업에서는 원재료의 종류나 수량이 늘어날수록 구매 관리 시스템의 이점을 누릴 수 있다.

구매 관리 시스템의 역할은 주로 원재료의 **구매 조달**을 하기 위해 사용되는데, 기업의 부서로 비유하면 구매부나 매입 조달부가 구매 관리 시스템을 주로 사용하고 있다. 4장에서 재고 관리 시스템의 핵심 기능으로 발주 관리 기능을 설명했는데, 이 장에서 다루는 구매 관리 시스템에서는 공급처에 대한 구매 조달이라는 의미로 사용하고 있으므로 발주와 혼동하지 않도록 주의해야 한다.

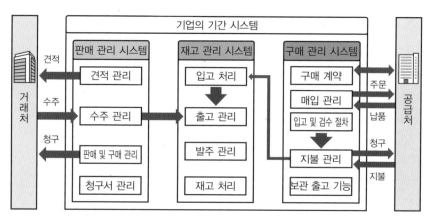

◆ **구매 관리 시스템과 재고 관리 시스템 및 판매 관리 시스템의 관련성**

구매 관리 시스템의 역할

구매 관리 시스템을 도입하는 가장 큰 목적은 **적절한 시기에 적절한 수량의 원자재를 구매 조달하는 것**이다. 기업 내에 구매 관리 시스템이 존재하지 않는 경우, 구매 시의 판단과 그 작업은 수작업으로 하게 되는데, 시스템 도입에 의해 그러한 대부분의 작업을 자동적이고 기계적으로 수행할 수 있다.

이는 직원의 조작 실수 감소나 업무 효율화, 나아가서는 인원 삭감과 같은 비용 절감의 이점을 누릴 수 있다.

구매 관리 시스템의 주요 기능

구매 관리 시스템의 주요 기능은 앞에서 설명한 '구매 조달 기능' 외에 구매를 위한 구매 조달처 선정과 계약 등의 절차를 실시하는 '**구매 계약**', 청구서나 발주서의 대조·확인이나 지불 처리를 포함한 '**입고·검수 절차**', 어느 타이밍에 어느 정도의 원자재를 주문할지를 결정하는 '**구매 조달 계획**', 발주한 원재료의 보관이나 입출고를 관리하는 '**보관·출고 기능**' 등이 있다.

구매 조달　　　구매 계약　　　입고·검수 수속　　구매 조달 계획　　보관 출고 기능

◆구매 관리 시스템의 주요 기능

구매 관리 시스템 관련 체제와 그 중요성

구매 관리는 그 업무 자체에 눈이 가기 쉽지만, 그 전 단계로 **구매 체제**를 정비하는 것도 중요하다. 구매 체제는 단순히 직원만을 지칭하는 것이 아니라 그 직원을 관리하기 위한 제도나 규칙, 물건을 보관하는 장소를 적절한 상태로 유지하기

위해 필요한 업무 운영이나 그에 수반되는 업무 매뉴얼 등도 포함한다.

구매 체제를 세울 때 다른 역할과 업무를 겸직하는 것은 바람직하지 않다. 다른 부분에서도 마찬가지라고 할 수 있지만 여러 역할을 겸임하게 되면 부정을 저지를 수 있는 환경이 만들어진다. 예를 들면, 구매부에 속한 직원이 재고 관리에 관한 업무도 겸임하는 경우, 어떠한 오동작으로 재고를 소실, 파손, 마모시켰을 때 구매 관리 시스템과 재고 관리 시스템에서 부정한 조작을 하여 마치 실수를 하지 않은 상태로 수정을 가할 가능성이 있다. 대기업에서는 SOX(Sarbanes-Oxley Act) 감사 대응으로 내부 통제가 이루어지고, 그런 부정한 조작을 할 수 있는 직원은 거의 없겠지만 중소기업에서는 부서당 업무량이 그렇게 많지 않기 때문에 그런 사태에 빠지는 경우도 여전히 존재한다.

이러한 부정이나 실수를 줄이기 위해서라도 **정기적인 점검이나 관리 규칙을 만드는 것**이 중요하며, 부정을 방지하기 위한 명확한 기준이나 구조가 존재하지 않으면 설령 완성도 높은 구매 관리 시스템을 도입했다고 해도 악용될 위험이 있다. 다음은 시스템 도입의 전 단계로서 해야 할 정비 사항을 정리한 것이다.

◆**구매 관리 시스템 도입 전 정비 사항**

정비할 사항	설명
인원 (장기 및 장기 근무자 제외)	• 구매 관리 담당자는 다른 업무와 겸직하지 않는다. • 장기적 부패를 방지하기 위해 정기적으로 직원을 교체한다.
구매 기준의 명확화	개인의 비교·판단이 아니라 구매 상품의 선정 기준을 마련하고 명확화함으로써 안정적인 이익 획득을 보장하고 개인에 의한 부정을 방지한다.
규칙의 책정	• 구매 업무의 흐름을 규칙화하여 쓸데없는 작업을 없앰으로써 효율을 향상하고 작업의 번잡함에 의한 실수 가능성을 방지한다. • 전자화함으로써 규칙 외의 동작을 금지한다.
체크 체제	구매 등을 신청할 때 승인자 외에 체크 담당자를 정하고, 지식이 있는 전임자가 체크를 실시한다.

7-2 구매 계획

각 업무 관리 시스템의 데이터를 활용하여 코드 설계 · 연계,
원재료 구매 관리를 한다

▌구매 관리 시 필요한 사항

구매 계획이란 생산 계획이나 재고 계획에 기초하여 필요한 원재료, 구입 시기, 구입 타이밍, 구입하는 계기/트리거, 구입 수, 구입 금액 등 **상품을 제조하고 판매하는 것을 말한다. 또한 생산에 필요한 원자재의 구매 조달에 관한 계획을 세우는 것**을 의미한다.

▌원재료 코드 설계

구매 계획을 세우려면 우선 원자재를 관리하기 위한 **코드 설계**가 필요하다. 기업의 사업 내용에 따라 다르지만, 제조업을 영위하는 기업의 대부분이 수십~수천의 원재료를 취급하고, 글로벌 기업에서는 수만을 넘는 원재료를 취급하는 일도 드물지 않다(부품도 포함). 구매 관리 시스템에서 적절하게 처리하려면 고유 코드를 개별적으로 할당해야 한다.

원재료의 코드 설계 및 관리가 철저하지 않은 경우 적절한 구매 관리가 이루어지지 않아 과잉 재고를 안게 될 가능성이나 결품이나 품절 등의 위험을 초래하게 된다. 이상적으로는 재고 관리 시스템과 구매 관리 시스템 양쪽에서 사용되는 코드를 적절히 연계하여 필요한 곳에 제어 시스템을 도입하는 것이다(원재료나 부품의 구매 조달처가 수시로 바뀌는 특성이 있는 기업에서는 도입이 어려운 경우도 있다). 예를 들어 재고 관리 시스템상 A 상품이라는 재고가 부족해져서 A 상품을 생산하기 위해 필요한 A 원재료, B 원재료, C 원재료 등을 조달한다고 하자. 재

고 관리 시스템과 구매 관리 시스템상 양쪽 모두 적절하게 코드가 연결되어 있다면 다음 그림과 같은 상태가 된다.

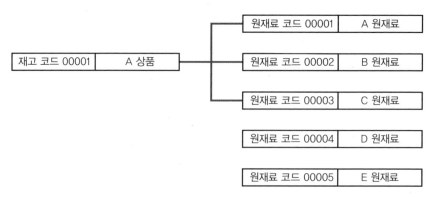

◆원재료를 코드로 묶은 이미지

　A 상품의 품귀 시, 구매 관리 시스템상에서는 주문할 수 있는 것은 재고 코드 00001에 연결되는 원재료 코드 00001, 00002, 00003뿐이다. 가령 구매 관리 시스템상에서 원재료 코드 00004나 00005를 입력했을 경우, "재고 코드에 연결되는 원재료 코드가 아닙니다. 발주 내용이 적절한지 확인하십시오."와 같은 에러 메시지를 출력하여 구매 조달을 제어한다.

　위 그림에서는 5개의 원재료밖에 없기 때문에 단순해 보이지만, 구매 관리 실무상으로는 비슷한 이름의 원재료나 부품이 방대하게 존재하고 있어 구매 조달을 잘못하는 경우도 종종 발생할 수 있다. 오발주는 원재료의 과잉 재고를 초래할 뿐만 아니라 품귀가 된 상품의 생산 활동을 지연시키는 결과를 초래하므로 이런 문제를 방지하기 위해 **사전에 재고 관리 시스템과 구매 관리 시스템상의 코드를 철저하게 연결**해야 한다.

원재료의 예상 사용 수

구매하는 원재료가 어느 정도 필요한지 계획을 세워야 한다. 계획을 세우는 데는 상품을 얼마나 제조·생산하는지 알 수 있는 생산 계획(5-2 참조)이 필요하다. 생산 계획은 판매 계획의 영향을 받기 때문에 제품에 대한 수요 조사 및 재고 상황(여기서는 완제품, 중간 제품 및 원자재 모두를 의미함)을 알 수 있는 데이터도 필요하다. 이미 알고 있을 수도 있지만 **생산 관리와 판매 관리, 그리고 구매 관리와 재고 관리는 모두 밀접하게 연계되어 있으며, 각각의 업무 관리 시스템에서 출력되는 수치나 데이터는 또 다른 업무 관리 시스템의 입력값**이 된다.

원재료의 필요 수량이지만 비교적 긴 기간, 예를 들어 1년이라는 기간을 전제로 필요 수량을 산출하는 경우, 그 상품의 연간 생산 예정량 정보가 필요하다. 업계·업종에 따라 다소의 차이는 있지만, 부품 등을 취급하는 제조업에서 기업에 따라서는 최근 3년간의 원자재 구매 실적까지 고려해서 예상치를 구하는 경우도 있다. 변수가 늘어날수록 계산 과정은 복잡해지지만 예상치의 정확도는 향상된다. 인적 자원을 포함하여 리소스가 풍부한 대기업일수록 더 복잡한 계산 로직으로 예상치를 산출하는 경향이 있으며, 1개월이라는 단기간에 필요한 원재료의 예상치는 보유 재고량의 상황을 고려하여 판단하는 경우가 많다.

시스템상에서 수치를 나타내는 법

앞에서 언급했듯이 생산 관리 시스템과 구매 관리 시스템은 특히 밀접하게 연계되어 있으며, 시스템의 설계 방법에 따라서는 데이터베이스상의 어느 쪽에 그 수치나 데이터를 갖게 할 것인지 시스템 설계 회의에서 논의하는 경우도 있다. 고객 중에는 만일에 대비해 어느 데이터베이스든 모든 수치, 데이터를 나타내고 싶어하는 경우도 있겠지만 그것은 그다지 추천하지 않는다.

왜냐하면 테이블 수, 데이터나 숫자의 총량이 증가할수록 시스템에 대한 부하가 증가하고, SQL(Structured Query Language)이라는 데이터베이스 언어를 통해 지시 명령을 내렸을 때의 응답·처리 속도의 저하를 초래할 가능성이 있기 때문이다.

만일 원재료의 정보가 생산 관리 시스템 측에서 이미 등록되어 있다면, 구매 관리 시스템 측에서는 중복되는 데이터나 수치를 갖지 않고 생산 관리 시스템상의 데이터를 구매 관리 시스템에서 입력할 수 있는 구조로 설계하는 편이 데이터나 수치가 일원적으로 관리되므로 바람직한 시스템 구성이라고 할 수 있을 것이다(실무에서는 복잡한 시스템을 짜는 경우도 있다).

생산 계획을 세울 때 대부분의 기업이 생산 대상 상품을 개별적으로 관리하지만, 소규모 사업자 중에는 관리나 점검 업무를 담당할 담당자가 충분하지 않다는 이유로 중요도가 낮은 상품에 대해서는 '기타 상품'이라는 묶음으로 관리하는 패턴이 있다. 이 경우 그 상품은 개별 생산 계획에 포함되지 않은 설계가 되어 생산 관리 시스템뿐만 아니라 구매 관리 시스템에도 영향을 미칠 가능성이 있으며, 예를 들어 다른 상품의 생산에 필요한 원재료 주문이 누락되는 등 리스크가 잠재되어 있다. 이러한 위험을 미연에 방지하기 위해 **중요도가 낮은 상품이라도 확실하게 개별 관리 대상으로 간주하고 시스템 사양 요구 사항에도 포함시키는 것**이 중요하다.

개발 실무에서는 고객 측에서 "현재의 생산 관리 작업을 변경하고 싶지 않기 때문에 중요도가 낮은 기타 상품은 개별 관리 대상 외로 취급해 달라"는 의뢰가 있을 수 있다. 하지만 이때 다른 시스템에 대한 영향, 나아가 구매 관리를 하는 다른 부서에 대한 영향을 확실히 설명하고 고객의 이해를 얻는 것도 시스템 엔지니어의 역할이라고 할 수 있다.

▌원재료의 구매 관리

원재료는 물건에 따라 구입 단가가 다르다. 그리고 희소성이 있는 원재료, 매입의 절대 수량이 한정되어 있는 원재료는 수급 균형이 깨지고 단가가 급등하기 쉬운 경향이 있다. 또한 상품 가치가 높고 거래처나 소비자로부터의 수요가 많다면 매출 총이익도 그에 상응하여 커질 것이다(여기서 단정하지 않는 이유는 기업의 의사결정에 따라 매출 총이익과 매출 총이익률을 일정하게 유지하는 기업이 존재하기 때문이다).

기업의 매출 총이익이 큰 상품은 상품의 재고 관리는 물론 **원재료에 대해서도 엄격한 관리가 필요한데**, 정기적인 원재료 발주처 확인이나 교섭, 가격 변동에 따른 매출 총이익의 영향 확인 등이 여기에 해당한다. 기업의 구매부나 조달부에서는 상품을 구성하는 원재료의 가치를 적절하게 판단하여 사내의 구매·조달 규정에 따라 관리하고 있다.

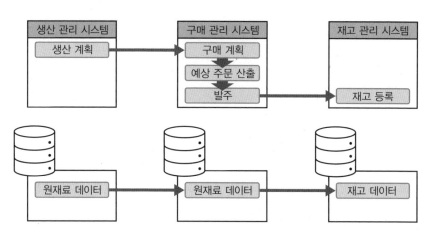

◆ 생산 관리부터 구매 관리, 재고 관리 데이터의 흐름

173

매입과 검품 절차

매입과 검품 조작을 피하고 문제를 방지할 수 있다

원재료 발주에서 검수까지 일련의 업무 흐름

7-2까지는 구매 관리 체제와 계획, 구매 관리 시스템과 연계되는 생산 관리 시스템에 대해 언급했지만, 7-3부터는 원재료를 취급하는 구체적인 업무에 대해 설명하고 그 전 단계로 원재료의 매입부터 검품 절차가 어떻게 진행되는지 간단히 이야기해 보도록 하자.

원자재와 상품의 차이는 **완성 여부의 차이**다. 구매 관리 담당은 상품이 아니라 주로 원재료를 취급하기 때문에 이번 페이지에서는 상품과 원재료를 혼동하지 않도록 '원재료 등'이라는 말로 통일하여 설명하고자 한다(기업에 따라서는 상품 자체를 조달하여 판매하는 경우도 있으므로 굳이 끝에 '등'을 붙인다).

우선 구매 계획 입안 시에 결정한 공급처에서 주문한 원재료 등이 **입고**된다. 매입은 그 원재료 등을 받게 되는데, 이때 납품 사실을 나타내는 증표로 '납품서', '납품서 보류', '수령서' 등을 받는다. 이러한 서류를 사용하여 입고한 원재료 등에 오류가 없는지 확인한다. 확인이 끝난 후, 공급처에서 발행되는 수령서 등에 서명 혹은

◆원재료 발주부터 처리까지 작업 내용

작업	상세 내용
입고 처리 개시	발주한 원재료 등이 공급처에서 도착하여 입고 처리를 한다.
각종 서류 교환	납품서, 여분, 수령서 등 필요한 서류를 넘겨준다.
내용 확인	서류 내용에 문제가 없는지 확인한다.
각종 서류 교환	문제가 없다면 납품서 여분과 수령서를 공급자에게 돌려준다.
원재료 등의 교환	원재료와 납품서를 동시에 받는다.

확인 도장을 날인하고, 그 날인된 수령서를 공급처에 전달하여 입고한 원재료 등을 받게 된다.

입고 수속이 완료된 후 다음으로 하는 것은 **검품 작업**이다. 입고 후 바로 실시해야 하며 받은 원재료 등에 문제가 생겼을 때 공급업체에 연락이 지연되면 상황에 따라 반품 등을 받지 않는다. 따라서 원재료 등이 도착한 후에는 가능한 한 빨리 검품 작업을 실시한다. 검품 작업의 내용으로는 입고한 원재료 등과 발주한 원재료 등에 차이가 없는지, 실물이나 취급 설명서 등을 보고 품번이나 수량 등이 정확한지 확인한다.

앞서 말한 매입 단계에서도 납품서와 도착한 원재료 등을 대조하여 차이가 없는지 확인하지만, 매입 단계에서는 배달업자와 발주자 간의 확인이며, 검품 작업 단계에서는 공급자와 발주자 간의 확인이므로 조금 의미가 다르다. 발주자가 주문한 원재료 등과 실제로 납품된 원재료 등에 차이가 있는 경우나, 발주한 원재료 등과 전혀 다른 경우 등이 없는지 확인해야 한다.

원재료 등이 도착한 경우에는 공급처의 영업 담당자 또는 지원 창구에 문의한다. 덧붙여 말하자면 매입 시 검품 작업을 하는 회사도 존재하지만, 그런 운용 작업은 그다지 추천할 수 없다. 왜냐하면 그런 경우에는 **수취 확인 담당과 검품 담당이 겸임하고 있을 가능성이 있어 검품 작업의 품질을 저하시킬 가능성이 높기 때문**이다. 작업을 통합하면 효율성이 향상된다고 생각할 수도 있지만, 한 명의 직원이 모든 작업을 한 번에 처리하게 되면 부정이 발생하기 쉽다. 여러분은 뉴스에서 '과대 발주'라는 단어를 들어 본 적이 있을 것이다. 또한 받은 원재료의 일부를 훔쳐 인터넷 옥션 등에 다시 되파는 사건도 일어난 적이 있었다. 구매와 검품에 대한 제도 설계, 규칙을 준비하여 사전에 문제를 방지할 수 있도록 제도를 구축하자.

검품 시의 확인 관점	내용	시스템 측면
검품 개요	입고된 원재료 등이 발주한 원재료 등인 것을 확인	발주 데이터 유출
원재료 등의 확인 관점	품목명, 수량, 품질, 납기, 외관	관리 기능에 의한 매입처별 품질 관리
납기 확인	문서에 문제가 없는지 확인	납기대로 납품되었는지, 각 원재료 등의 납기와 현재 상태의 일람화 등
검품 후 지불	문제가 없다면 먼저 기업에 돈을 지불	검수 지불 기능에 검품 완료임을 등록

입고품의 이송

창고나 관리 센터 내에서 매입과 검품 작업을 일괄적으로 할 수 있으면 좋겠지만, 기업에 따라서는 원재료 등의 수령 장소와 창고나 관리 센터의 장소가 다를 수도 있다. 그럴 경우 원재료 등을 창고나 관리 센터에 **운반·보관**하는 작업이 필요하다.

◆상품 연계가 필요한 경우

물건을 다른 곳으로 옮기는 패턴	상세 내용
생산 거점이 입고 장소와 다른 경우	• 입고, 검수한 장소와 다른 장소에 생산 거점이 존재하는 경우 • 생산 거점까지 이동한 상태에서 재고 관리자가 보관하고 필요할 때 꺼낸다.
생산 거점이 여러 곳 있을 경우	생산 거점이 여러 곳 존재할 경우 각 거점별로 이동한다.
생산 거점이 사외에 있을 경우	생산 거점이 회사 밖에 있을 경우 검수까지는 회사에서 실시하고 완료 이후에 필요한 수량을 회사 밖의 생산 거점으로 이동시킨다.

회사가 커질수록 취급하는 물건의 수도 늘어나고, 그에 비례해 생산 거점과 창고의 거점 수도 증가하며, 입고하는 물건의 수가 늘어나면 입고 시에 행하는 입고 작업도 아무래도 늘어나게 된다. 여러 거점 간의 수송을 수반하는 것으로, 또한 그 거점이 자사의 관할에 있는 경우 출하 처리 시 입고 처리를 자동 연계시키는 기업도 늘어나고 있다.

거점 A　　출하　　자동 등록 →　　입고　　거점 B

◆입고품의 자동 처리

　여러 거점 간 입출고 처리를 자동 연계함으로써 효율적이고 용이하게 재고를 파악할 수 있게 되지만, 자동 연계는 편리한 반면 주의해야 할 점도 있다.

　거점 A에서 출하 처리를 한 후 트럭에 의한 거점 간 수송이 이루어지는데, 그 수송 중 교통사고 등의 문제로 재고가 파손될 수도 있으며, 예정된 출하량이 도착하지 않을 경우 거점 B 측에서 실입고량을 보정할 필요가 있다. 이 보정 처리를 잊어버리면 실제 재고량과 시스템상의 재고량은 불일치를 일으키게 되는데, 여러 거점 간의 입출고 처리를 자동 연계할 경우 **두 거점이 이송 중인 재고의 취급에도 주의를 기울일 필요**가 있다.

원재료 등의 보관과 출고

각각의 원재료 보관 장소와 출고 시 변수 대응 등 사전 준비가 필수적이다

원재료를 취급하는 경우 보관·출고 업무에 유의하자

앞에서 살펴본 대로 검품 후의 원재료 등은 기본적으로 창고에 운반·보관되지만, 바로 생산에 사용되는 원재료 등의 경우 생산 거점에 직접 운반되거나 생산 거점 근처의 창고 또는 관리 센터에서 보관되는 경우가 많다.

원재료 등의 보관에 관한 작업은 원재료 등 보관 담당이, 원재료 등의 입출고에 관한 작업은 생산 관리 담당이 하는 경우가 많지만, 실제로 역할 분담이나 책임 소재가 불명확한 회사도 많이 존재한다. 다만 권한 위임에 관한 내규나 분담표 등과 같은 제도 설계·규칙 제정을 통해 책임 소재가 분명한 경우, 무슨 문제가 발생했을 때 즉시 재발 방지책의 검토나 시행을 위한 조치를 취할 수 있다. '대비하면 병이 없다'는 속담이 있듯이 미리 할 수 있는 것은 미리 준비해 두는 것이 손해는 아닐 것이다.

보관 장소 결정

생산 개시까지 시간이 있는 원재료 등은 재고로서 창고나 관리 센터 내에 보관되며, 보관에 있어서는 원재료 등의 품질을 적절한 상태로 유지하는 것이 중요하다. 창고나 관리 센터 내에서는 원재료 등의 성질이나 특성에 맞게 적절한 수납 설비를 설치할 필요가 있으며, 그 준비한 수납 설비 중에서 적절한 장소로 운반한다.

창고나 관리 센터가 근처 지역에 여러 개 존재하는 경우, 어떤 원자재 등을 어느 지역에 보관할지는 미리 정해 두고, 기본적으로 원재료 등을 사용하는 생산 거점

근처의 창고나 관리 센터에서 메워야 한다.

그러나 상품의 성질이나 특성에 따라서는 설비의 관계상 보관 위치가 분산되는 경우도 있으므로, 그런 경우에 운반·보관 작업이 지체되지 않도록 사전에 규칙을 정해 둔다.

▌수납하는 수량과 수납 작업

수취 장소에서 창고나 관리 센터 같은 보관 장소로 원재료 등을 운반한 후에도 수량 확인이나 중량 확인을 실시하며, 특히 원재료 등의 수량이 대량으로 있는 경우 운반 중에 소실·파손될 가능성이 있다. 확인 작업을 게을리하면 어느 공정에서 원재료 등의 소실·파손이 일어났는지 알 수 없게 되므로, 그러한 사태를 미연에 방지하기 위해서 **각처에서 확인 작업을 실시하는 것**이다.

확인 작업이 끝난 후 입고 절차를 밟아 재고 관리 시스템상에 등록하고, 그 원재료 등은 재고로 보관한다.

◆ 검품 후 필요한 작업 내용

작업	상세 내용	시스템 측면
검수 후 원재료 등의 취급	• 바로 생산 라인에 출고시키는 경우에는 생산 거점으로 보낸다. • 사용하지 않는 경우에는 재고 관리 쪽으로 보낸다.	생산 관리에 대한 정보 등록
수납 장소 결정	출고를 위해 보관하는 경우 수납 장소를 확인한다.	재고 관리 시스템에서 관리 장소 등록, 이송 방법의 관리 등
수납 수량 결정	• 창고에 보관할 때도 수량을 확인한다. • 이송 중 등에 원재료 등의 상태가 변화하기 때문에 다시 상태를 확인한다.	재고 관리 시스템에서 재고 등록, 상태 등록 등

▌출고 대응

창고나 관리 센터 내에 수납한 원재료 등은 생산 관리 담당의 지시를 받아 **출고**되며, 생산 관리 담당자는 최근 생산에 필요한 수량을 기재한 지시서를 원재료 등 보관 담당자에게 발송한다. 지시서에는 기본적으로 생산 계획에 따른 수량이 기재되어 있다.

다만 거래처의 대규모 주문이나 소비자의 수요 동향에 따라 갑자기 생산 계획을 넘어선 지시가 오가는 경우가 있는데, 기업에 따라서는 그런 사태에 대비해 약간의 버퍼(잉여 재고)를 가지는 곳도 있고, **버퍼**가 있는 경우에는 그것들을 출고하게 된다. 버퍼가 없는 경우에는 구매 관리 담당자에게 상황을 전달하고 공급자와의 협상이 이루어진다. 이러한 일련의 흐름이 지연되면 기업은 기회 손실을 낳게된다. 이를 피하기 위해서라도 생산 관리, 구매 관리, 재고 관리 시스템이 적시에 적절히 연계되어야 한다.

생산 관리 담당자로부터 지시서를 받은 원재료 등 보관 담당자는 지시서에 기재된 원재료 등을 찾아 **출고 준비**에 들어간다. 출고 준비란 찾아낸 원자재 등을 의

◆출고 대응 업무의 구체적인 내용

작업	상세 내용	시스템 면
생산 관리 담당자가 출고 의뢰	필요한 원재료 등의 품목, 수량 등이 기재된 지시서로 의뢰	생산 관리 시스템에서 구매 관리 시스템으로 정보 연계(의뢰)
원재료 등을 꺼내 포장 작업	지시서에 따라 원재료 등을 찾아서 꺼냄	–
[생산 장소: 회사] 원자재 등의 운반	자사의 운반 방법으로 생산 거점 내지는 그 근처의 창고, 관리 센터까지 운반	재고 관리 시스템으로 재고 등록 정보 갱신
[생산 장소: 타사] 발주서 준비	생산 의뢰 정보(사용하는 원재료 등, 수량, 납기 등)를 정리해 발주서를 송부	생산 관리 시스템, 재고 관리 시스템 참조
[생산 장소: 타사] 원자재 등의 운반	운반업자에게 의뢰서를 내고 거래처의 생산 거점 혹은 창고, 관리 센터까지 운반	• 재고 관리 시스템 데이터 갱신 • 생산 관리 시스템 데이터 갱신 • 타사로 데이터 연계 　(없을 경우 물리적 데이터 연계)

뢰 받은 생산 관리 담당자에게 발송용으로 포장하여 재고 관리 시스템상에 출고일자, 출고량, 품목, 출고지와 같은 정보를 입력하는 작업을 말한다.

포장된 원자재 등은 대형 트럭 등에 실려 생산 거점으로 운반된다. 만일 제조·생산 기능을 외주하고 있는 경우에는 원재료 등을 거래처(생산 위탁처)에 인도하기만 하면 된다. 이 경우 발주서를 작성하여 거래처에 발송한다. 거래처는 그 발주서에 따라 생산 작업에 들어간다. 당연하지만 거래처는 사외이기 때문에 생산 관련 시스템 연계는 불가능하다. 그 때문에 생산 관리에 부수하는 작업은 자사에서는 실시하지 않고, 생산 데이터를 CSV 형식 등으로 거래처로부터 수령하여 재고 관리 시스템상에 불러오는 형식이 될 것이다(하청업체나 계열사 등에서 시스템 제휴가 가능한 경우는 이에 해당하지 않는다).

구매 관리와 재고 관리의 관계

두 가지 시스템을 연계하여 재고 데이터를 정확하게 관리하자

재고 관리 시스템의 연계

7장 앞부분에서 구매 활동에 대해 설명했지만, 이번 7-5에서는 구매 관리 시스템과 재고 관리 시스템의 관계에 대해 좀 더 설명하겠다.

두 시스템의 연결은 크게 두 가지이다.

첫 번째는 **재고 조회 타이밍**으로, 구매 관리 시스템상에서 발주 처리를 할 때 보유 재고량이 어느 정도인지 파악할 필요가 있다. 재고 조회를 한 결과 일정 기간 원재료 등의 재고 보유가 불필요하면 새로운 구매를 할 필요가 없고, 보유 재고가 거의 존재하지 않는 상황이라면 당일이라도 구매 처리를 할 필요가 있다(업계·업종, 기업의 사업 방침 등에 따라 이 재고 조회는 수요 예측 시스템 또는 생산 관리 시스템에서 지시하는 경우도 있다).

두 번째 접점은 **검품 처리 후 바로 사용하지 않는 재고를 창고나 관리 센터로 운반하여 입고하는 타이밍**에 발생한다. 입고 수속이 완료되면 원재료 등은 정해진 장소에 보관되어 재고로 취급된다.

그 타이밍에 구매 관리 시스템과 재고 관리 시스템 사이에서 연계 처리가 이루어져 재고로서의 플래그가 서게 된다. 다음 페이지의 그림은 이 두 시스템의 연결을 나타낸 것이다.

재고 조사 업무

재고 업무도 중요한 작업 중 하나다. 재고 조사는 월말이나 연말 등에 재고 수량

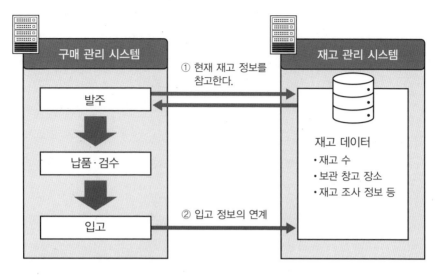

◆**구매 관리 시스템과 재고 관리 시스템의 연관성**

을 확인하는 작업을 의미하며, 회계 장부나 구매 관리 시스템 및 재고 관리 시스템 상의 이론값과 실제 재고수를 비교하여 차이가 발생하고 있는지 확인한다.

 이론값과 실제 수치에 차이가 있는 경우, 원재료 등 보관 담당자는 그 원인을 규명할 필요가 있으며, 발생한 차이의 중요도에 따라서는 창고나 관리 센터 내의 전체 재고 수량 파악이 필요한 경우도 있고, 정산 업무가 정지되는 위험도 있다. 재고 조사 업무 중에 큰 문제가 발생하면 대부분의 기업이 막대한 시간과 노력을 들여 원인을 규명한다.

제 **8** 장

재고 관리
관련 시스템(4)
– 회계 관리

회계 관리상에서 재고 취급

재고 자산 계정 과목의 결정 방법이나 원가법 · 저가법의 평가 방법

대차 대조표와 손익 계산서상의 재고 위치 결정

기업이 판매나 가공을 하기 위해 보유하고 있는 원재료나 공작품, 제품, 상품 등을 통칭하여 재고라고 부른다. 그리고 회계 관리에서는 '재고 자산'이라는 계정 과목으로 불린다.

8장에서는 회계 관리와 관련된 이야기가 자주 등장하므로 '재고'라는 표현이 아니라 '재고 자산'이라는 말로 통일해서 사용하도록 하겠다.

먼저, 기업의 결산일 시점의 재정 상태를 나타내는 결산 서류의 하나인 대차 대조표에서는 이 재고 자산을 **자산**으로 분류한다. 자산인 재고 자산은 장래에 거래처나 소비자에게 판매되어 기업의 수중에서 멀어진다. 또한 일반적인 기업의 손익

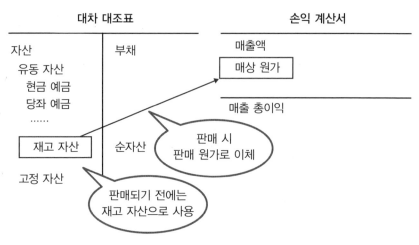

◆ 대차 대조표와 손익 계산서상의 재고 자산의 존재

계산에서는 제품이나 상품이 판매·출하된 타이밍에 매출 계상이 이루어지고, 그와 동시에 제품이나 상품의 제조 가공에 들어간 원가를 모두 매출 원가 계정 과목으로 이체한다. 이 일련의 관계를 그림으로 나타내면 앞 페이지와 같다.

회계 관리상에서 재고 자산은 생산 활동 진척도에 따라 더 세밀하게 나누어진다. 생산 활동 진척도가 100%일 경우 이미 생산을 끝내고 상품이 완성되었기 때문에 상품 및 제품이라는 계정 과목이 사용되고, 생산 활동의 진척도가 50%일 경우 현재 가공 중인 상태가 되기 때문에 이것은 중간 제품이라는 계정 과목으로 분류된다. 그리고 생산 활동에 들어가기 전 단계, 즉 진도 0%의 경우 생산·가공에 사용하는 원재료는 전혀 손대지 않은 상태가 되기 때문에 원재료라고 불리는 계정 과목으로 분류한다.

이처럼 회계 관리상으로는 **진척도를 고려해서 사용할 계정 과목을 결정해야 한다.** 따라서 재고 관리 업무와 회계 관리 업무의 시스템화에 종사하는 엔지니어는 **각 계정 과목의 위치와 설정, 재고 분류 방법을 올바르게 이해할 필요**가 있으며, 그러한 소양이 없으면 고객이 요구하는 기능 요건의 정의나 설계, 구현을 할 수 없다.

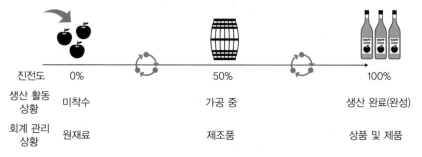

◆ **생산 활동의 진전에 대한 재고 자산의 개념**

▍회계 규칙을 준수하는 재고 평가 방법

회계 관리상 재고 자산은 **회계 기준**에 따른 평가 방법으로 그 금액을 측정한다. 구체적인 평가 방법은 다음 페이지와 같다.

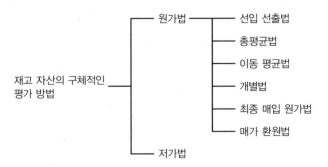

◆재고 자산의 구체적인 평가 방법

우선 대분류인 **원가법**과 **저가법**의 차이에 대해 설명하겠다. 원가법은 **남은 재고 자산을 구입할 때의 '원가'를 기준으로 산정하는 방식**이고, 저가법은 **재고 자산을 구입할 때의 원가와 그 시점의 원가를 비교해 어느 쪽이든 싼 쪽(저가)을 이용하는 방식**이다. 원가법과 저가법은 재고 자산이 얼마나 많이 생산되는지, 그리고 어느 쪽이 채택되는지는 기업의 회계 계획에 따라 다르기 때문에 개발이 시작되기 전에 확인해야 한다. 이 규칙에 따라 재고 자산은 시스템에서 평가되고 처리한다.

◆원가법에 의한 6가지 평가 방법

선입 선출법	먼저 받아들인 것부터 순서대로 팔린다고 보는 사고방식. 실제 거래에 가까운 사고방식 때문에 채용하는 기업이 많다.
총평균법	전기 이월된 재고 자산 총액과 당기 중의 재고 자산 총액을 합산하여 총수량으로 나누어 가격을 산출하는 방법으로, 다른 방법과 비교하여 간단한 계산 방법이기 때문에 경리나 회계의 기능이 발전 중인 기업이 도입하는 경우가 많다.
이동 평균법	매입할 때마다 그 시점의 재고 자산과 매입액을 합산하여 평균 단가를 계산하는 방식으로, 중간에도 재고 자산의 원가 산출이 가능하기 때문에 재고 자산 관련 경영 분석이나 경영 관리에 주력하고 있는 기업이 도입하고 있다.
개별법	각 매입 시의 가격으로 개별적으로 평가하는 사고방식. 귀금속이나 보석업, 부동산 판매업 등에서 채용되는 경우가 많다.
최종 매입 원가법	회계 기준 시점 말기에 가장 가까운 날에 취득한 매입 단가를 기준으로 가격을 계산하는 사고방식. 가격 변동이 적은 재고 자산을 취급하는 기업에 적합하다.
매가 환원법	재고 자산의 판매 가격에 원가율을 곱해 산출한 금액으로 평가하는 사고방식으로 취급 품목 수가 많아 상품 단위로 원가를 파악하기 어려운 경우에 채택되며, 슈퍼마켓이나 백화점 등의 소매업에서도 채택되고 있다.

8-2

매출 계상 처리

재고 자산에 관한 회계 기준 등의 회계 관리의 이해도 재고 관리로
이어진다

▌재고 자산을 매출 계상할 타이밍

회계 관리상 재고 자산을 매출 계상하는 타이밍은 엄격하게 규정되어 있다. 하지만 기업이 채택하는 회계 기준에 따라 다소 차이가 있는데, 기준은 크게 세 가지로 나뉜다.

◆ 재고 자산의 매출 관련 회계 기준

출하 기준	• 상품이나 제품을 창고나 점포에서 거래 상대에게 출하한 타이밍에 매출 계상하는 것 • 주로 통신 판매 사업자가 채용하고 있는 회계 기준을 따른다.
납품 기준	• 출하한 타이밍이 아니라 출하처의 거래 상대에게 상품이나 제품이 도착한 날(납품일)에 매출을 계상하는 것 • 납품일을 나타내는 증거로서, 납품서상에 거래 상대의 타임 스탬프(수령인)를 받는 것이 관습이다.
검수 기준	• 거래 상대방의 검수 완료 시점을 기준으로 매출을 계상한다. • 일반적으로는, 검수서·검수 완료서를 교환한다.

재고 관리와 회계 관리는 그다지 관련이 없어 보이지만 실제로는 밀접하게 얽혀 있다. 재고 관리 시스템의 개발을 담당하는 엔지니어로서 재고 자산과 관련된 회계 기준의 이해는 필수 지식이다. 또한 필요에 따라 재고 자산에 관한 기타 회계 규칙, 회계 기준도 확보해 둘 필요가 있다.

▌판매 계상 시 재고 관리 시스템상에서의 움직임

회계 관리 시스템에서는, 재고 자산의 출하·납품·검수 완료 시(앞서 말한 대로 기업이 채용하는 회계 기준에 따라 다르다)에 매출 데이터로 **회계 처리 데이터**를

생성한다. 이 처리와 연동하여 재고 관리 시스템상에서는 재고 자산이 사외로 유출되었다고 인식하고 자사의 재고 수와 재고 금액을 감산한다. 회계 관리적인 이야기지만 재고 관리 시스템상에서 재고가 감산되면 회계 관리 시스템의 매출원가 금액이 같은 금액만큼 가산되는데, 이에 대해서는 8-1의 '대차 대조표와 손익 계산서상의 재고 자산의 존재' 도표를 다시 참조하면 이 의미를 이해할 수 있을 것이다.

이처럼 재고 관리 시스템과 회계 관리 시스템은 떼려야 뗄 수 없는 관계이므로 특히 주의해야 할 것은 **월말과 월초의 재고 자산 취급**이다. 회계 관리에 주력하는 회사에서는 월별 결산치를 정리하는 회사도 있으므로 계상일에 따른 회계 항목 데이터를 올바르게 생성할 필요가 있다.

수치를 잘못 계산하면 경영 의사 결정의 방향성이 틀릴 가능성이 있기 때문에 재고 관리 시스템을 개발하는 엔지니어는 **회계 규칙이나 회계 기준을 제대로 이해하고 프로젝트에 참여할 필요**가 있다.

8-3 매입 계상 처리

매입 계상의 회계 기준이나 재고 관리 · 회계 관리 데이터의
움직임을 파악한다

▌원자재(재고 자산)의 매입 계상 타이밍

대부분의 엔지니어들은 원재료를 언제 어느 타이밍에 **매입 계상**해야 하는지 잘

모를 것이다. 매출 계상 처리와 마찬가지로 매입 계상 처리도 회계 기준이 존재한

다. 아래의 표는 매입 계상에 관한 기준을 정리한 것이다.

◆ 원재료 매입에 관한 회계 기준

발송 기준	• 매입처가 원재료를 발송한 날을 계상일로 하는 기준 • 납품 전에 매입 계상을 하므로, 예정대로 원재료가 도착하지 않은 경우 등은 수정을 할 필요가 있다. • 다른 두 가지 기준과 비교하여 가장 빠르게 매입을 계상할 수 있다.
검수 기준	• 자사 내의 검수 작업이 완료된 타이밍에 매입 계상을 하는 기준 • 8-2에서 언급했듯 매입 계상에 대한 검수도 같은 의미로 납품된 원재료를 검수하여 문제, 이상 없는 것을 확인한 상태에서 소유권 이행 수속을 하는 것을 가리킨다 • 통상, 검수 완료 후는 클레임 등을 전달할 수 없다. • 발송 기준·입하 기준과 비교하면, 매입의 계상 타이밍은 가장 늦어지지만, 계상 오류 등을 미연에 방지할 수 있다.
입하 기준	• 원재료가 도착한 날에 매입 계상을 하는 기준이다. • '받는 기준'이라고도 불리는 것으로, 3개의 회계 기준 중에서 가장 표준적인 기준이다. • 원재료 입고 시점에서 매입 계상을 하기 때문에 장부상과 실지상의 정보 연계를 하기 쉬운 점도 이점이다.

일본의 기업 회계 원칙 중에는 **계속성의 원칙**이라는 개념이 있다. 이것은 '기업

회계는 그 처리의 원칙 및 절차를 매기 계속해서 적용하며 함부로 이를 변경해서는

안 된다.'는 것이다.

기업은 앞에서 말한 발송 기준, 검수 기준, 입하 기준 중 어느 것을 채택해도 문

제는 없지만, 주의해야 할 점은 **기준 채용 후에는 간단히 변경할 수 없다**는 것이다.

그리고 엔지니어는 재고 관리 시스템의 개발을 발주한 고객이 현재 어떤 회계 기준을 채용하고 어떤 회계 처리를 하고 있는지, 또 향후 어떤 시스템 운용을 목표로 하고 있는지, **요건 정의나 기본 설계 공정에서 제대로 청취할 필요**가 있다.

▌재고 관리 시스템에서의 움직임

여기서는 앞에서 소개한 가장 표준적인 회계 기준인 '입하 기준'을 전제로 매입 계상시 재고 관리 시스템의 동향을 살펴보았다. 여기서 '입하'는 앞 장에서 몇 번이나 등장한 '입고'와 거의 같은 의미지만, 회계 기준상의 정확한 표현으로는 입하를 사용하기 때문에 여기서는 입하라는 말로 통일하기로 한다.

이번에는 의류 회사를 예로 들어 보자. 의류를 제작할 때 원단에 사용하는 면이나 삼베가 원재료에 해당하며, 대형 의류 회사에서는 원재료를 보관하는 창고 센터나 입하품 보관소를 설치하는 경우가 많다. 기업의 관리 체제, 생산 체제에 따라 다소 차이는 있지만 대략적인 이미지로는 원재료인 면이나 삼베가 왼쪽에서 오른쪽으로 흘러가 생산 공정에 전달된 후 가공된다고 생각하면 된다.

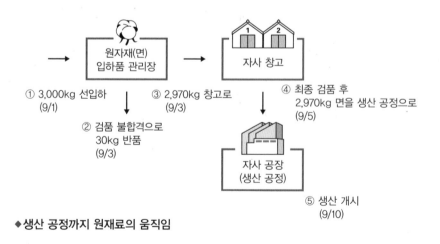

◆생산 공정까지 원재료의 움직임

앞 페이지의 그림과 같은 원재료의 매입 계상을 하는 경우, 면을 받아들인 입하품 관리소에서는 아래 표와 같이 원재료의 데이터가 흘러간다.

◆ **원재료(면) 입출하 관리표(입하품 관리장)**

날짜	원재료 종류	상태	매입 계상	장소	수량 (kg)	금액
9/1	면	입하	○	관리장	3,000	xxx천 원
9/3	면	반품	—	관리장	△30	△xxx천 원
9/3	면	이동	—	자사 창고	2,970	xxx천 원

9월 1일에 입하한 3,000kg의 면 중 30kg이 검품 불합격으로 매입 거래처에 반품되었고, 나머지 2,970kg은 검품을 완료하여 자사 창고로 보내졌다. 입하품 관리장에는 원재료가 없으므로 9월 3일 이후의 원재료 재고량은 0kg이 된다.

또한 주목할 만한 것은 위의 매입 계상열에 0이 붙은 행이다. 이번 예시에서는 입하 기준을 채택하고 있기 때문에 입하한 9월 1일에 매입 계상에 0이 붙어 이 시점에서 원재료의 매입이 이루어졌다고 간주한다. 따라서 **회계 관리 시스템상에도 이 시점에 원재료의 매입 계상이 있었던 것으로 하여 쌍방의 데이터가 연계된다.**

◆ **원재료(면) 입출하 관리표(자사 창고)**

날짜	원재료 종류	상태	매입계상	장소	수량 (kg)	금액
9/3	면	수납	—	관리장에서	2,970kg	xxx천 원
9/5	면	이동	—	생산 공장으로	△2,970kg	△xxx천 원

9월 3일에 입하품 관리장에서 수취한 2,970kg의 면은 자사 창고에 저장되었고, 그 후 생산 관리 부문의 출고 요청에 따라 창고에서 공장으로 면이 출고되었다. 그 날 이후 자사 창고에는 면이 없기 때문에 입하품 관리장과 마찬가지로 원재료(면)의 재고량은 0kg이 기록된다.

이번 예에서는 회계 기준이 입하 기준을 채택하고 있기 때문에 자사 창고의 입출고 관리표상에 **매입 계상의 변수가 성립하지 않는다.** 이 열은 삭제해도 문제가 없지만, 이번에는 생산 공정까지의 원재료 흐름을 보다 알기 쉽게 이해시키기 위해 입출고 관리표에 매입 계상의 열을 남겨 두었다.

◆ **원재료(면) 입출하 관리표(공장)**

날짜	원재료 종류	상태	장소	수량 (kg)	금액
9/5	면	수납	관리장에서	2,970	xxx천 원
9/10	면	생산	생산 공장으로	△2,970	△xxx천 원

공장 측은 9월 5일에 2,970kg의 면을 수용하였고, 9월 10일에는 수용한 면을 모두 소비하여 의류 제조에 투입하였으며, 결과적으로 공장 측의 원재료(면) 재고량은 0kg이 기록된다.

▌재고 관리의 움직임과 연동하는 회계 관리 시스템

8-3에서는 부문별로 원재료의 움직임을 살펴보았다. 입하품 관리장, 자사 창고, 공장으로 나누어 입하부터 생산공정까지의 흐름을 알기 쉬웠을 것이다. 다만 생산 관리 시스템에서는 기본적으로 기업 단위로 원재료의 양이나 금액을 파악할 필요가 있다. 그 이유는 주식회사는 매 회계 연도마다 결산 절차를 밟아야 하기 때문이다.

결산이란, 기업의 일정 기간에 있어서의 수익이나 비용을 계산해, 설립 당초 결산일에 자산이나 부채의 상황을 밝히는 절차를 의미하며, 기업의 규모나 업계·업종에 관계없이 1년에 1회 반드시 행해지는 것으로 주식회사뿐만 아니라 일본 정부나 지방 공공 단체, 일반 사단 법인 등도 법적으로 의무화되어 있다.

또 연간 수익이나 비용, 자산, 부채의 수치를 정리한 서류를 **결산서**라고 부르며 세무 신고에 사용하는 것 외에 도쿄증권거래소 등에 상장된 기업이라면 결산서의 내용을 **정기 주주 총회**에서 승인받아야 한다.

이러한 절차상의 이유로 기업은 한 부서가 아니라 **하나의 조직으로서 원재료나 재고 자산과 같은 계정 과목 단위의 수치를 정리할 필요**가 있다. 앞에서 언급한 각 부문의 원자재 입출고 관리표를 하나로 집약한다고 상상해 보자. 원재료는 입하물 관리장에서 자사 창고로, 그 후 자사 창고에서 공장으로 흘러가 생산 부문에서 소비되었다. 결과적으로 기업 내 어디에도 원재료가 남아 있지 않다면 대차 대조표상으로는 0원이 되고, 원재료인 면을 사용하여 의류를 생산하고 그것이 기업 내에 남아있다면 대차 대조표상으로 재고 자산으로 계상된다. 또 실제로 판매된 것이라면 앞 절의 매출 회계 기준에 따라 매출 계상이 이루어지는데, 이미지는 다음과 같다.

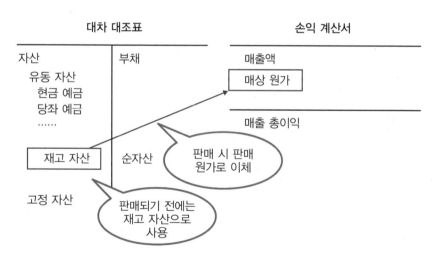

◆ **대차 대조표와 손익 계산서상의 재고 자산의 존재**

회계 관리와 재고 관리의 이미지를 어느 정도 이해할 수 있었는가? 그럼 다음 페이지에서 회계 관리 관련 재고 계산 방법에 대해 소개하도록 하겠다.

회계 관리에 관한 재고 계상 방법

선입 선출법·총평균법에 의한 재고 자산의 산출 결과는 다르며
적용하는 회계 기준 파악이 필수적이다

▌재고의 구체적인 계산 방법

8-3에서는 회계 관리 시스템상의 재고의 움직임에 대해서 언급하였다. 이미 눈치챘을 수도 있겠지만 금액 산출의 기초가 되는 재고 자산 평가 방법은 기업마다 다르다. 또 어느 것을 채용해도 문제 없지만, 계속성의 원칙에 따라 선택한 회계 기준은 함부로 변경하는 것이 허용되지 않는다. 따라서 원가법 중 선입 선출법을 적용한 경우 계속해서 선입 선출법을 적용할 필요가 있으며, 이동 평균법을 적용한 경우도 마찬가지다.

시스템 엔지니어는 모든 회계 기준에 대해 자세히 알 필요는 없지만 **적어도 고객이 채택한 재고 자산 평가 방법을 검토하고 재고 금액에 대한 계산 논리를 설계**해야 한다. 그래서 8-4에서는 그러한 평가 방법 중에서 많은 기업이 채택하고 있는 **선입 선출법**과 **총평균법**에 의한 구체적인 재고 자산 계산 방법에 대해 언급하고자 한다.

▌재고 자산의 계산 방법 ① 선입 선출법

선입 선출법은 **우선 들어온 것부터 먼저 파는 방식**이다. 주변 편의점을 상상하면 알기 쉬울 것. 소비 기한이나 유통 기한이 가까운 상품, 즉 먼저 구입한 오래된 상품이 기본적으로 진열대 앞에 진열돼 있다.이처럼 선입 선출법은 실거래가에 가까운 사고방식이어서 소매업이나 물품 판매업에서 자주 채택되고 있다.

의류는 완성품과 재고 자산에 해당한다. 보통 공장에서 생산된 것은 본사 또는

판매 거점으로 운송되는데 이 경우 공장에서 생산한 모든 것을 본사로 운송하여 재고 자산을 계산한다. 의류는 완성된 제품과 재고 자산에 해당한다. 일반적으로 공장에서 생산된 것은 본사나 판매 거점으로 운송되고 공장에서 생산한 모든 것을 본사로 운송하는 것으로 재고 자산을 계산한다.

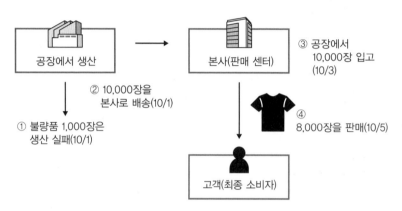

◆본사가 실시하는 재고 자산의 입고와 출고 이미지(10월)

위의 흐름을 표로 정리하면 다음과 같다.

◆재고 자산 입고·출고 관리표(본사) 10월차(선입 선출법)

날짜	종류	상태	장소	수량 (매)	원가 (@)	금액
10/3	의류품	매입 계상	본사	10,000	@1,000원	10,000천 원
10/5	의류품	지출	고객에게 판매	△8,000	@1,000원	△8,000천 원
월말	의류품	재고	본사	2,000	@1,000원	2,000천 원

10월 1일에 공장에서 재고 자산(의류) 10,000장을 받았고, 그 후 고객으로부터 주문이 들어와 8,000장을 지불했다. 본사의 재고 자산 수는 2,000장이고, 제조 원가는 장당 1,000원이 되므로 재고 자산 잔액은 200만 원이 된다.

아마 여기까지는 예상할 수 있지 않을까? 다음으로 재고 자산 잔고를 의식하면서 11월에 신규분의 재고 자산을 받아들이는 흐름을 살펴보자.

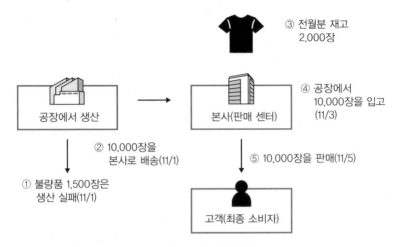

③ 전월분 재고
2,000장

공장에서 생산

본사(판매 센터)

④ 공장에서
10,000장을 입고
(11/3)

② 10,000장을
본사로 배송(11/1)

⑤ 10,000장을 판매(11/5)

① 불량품 1,500장은
생산 실패(11/1)

고객(최종 소비자)

◆**본사가 실시하는 재고 자산의 입고와 출고 이미지(11월)**

위의 흐름을 표로 정리하면 다음과 같다.

◆**재고 자산 입고·출고 관리표(본사) 11월차(선입 선출법)**

날짜	종류	상태	장소	수량 (매)	원가 (@)	금액
월초	의류품	재고	본사	2,000	@1,000원	2,000천 원
11/3	의류품	매입 계상	본사	10,000	@1,500원	15,000천 원
11/5	의류품	지출	고객에게 판매	△2,000 △8,000	@1,000원 @1,500원	△2,000천 원 △12,000천 원
월말	의류품	재고	본사	2,000	@1,500원	3,000천 원

　10월 말 시점에서 재고로 계상되어 있던 재고 자산 잔고가 11월 초에 변동하여 넘어왔다. 또한 11월 1일에 공장에서 새로 10,000장을 받았는데, 합산하면 12,000장이다. 여기서 주의해야 할 점은 **제조 원가가 다르다는 것**이다.

　10월에는 1장당 1,000원으로 생산했지만, 11월에는 1장당 1,500원으로 생산하고 있다. 원재료 가격이 상승하거나 인건비가 상승했을 수도 있다. 그 후 11월 5일에는 10,000장을 판매하고 있었다. 선입 선출법을 채택하였기 때문에 오래된 물건부터 먼저 판매하는 것이다. 결과적으로 월말에는 11월에 새롭게 구입한 제조 원가가 1장당 15,000원이라는 재고 자산이 남는다. 11월 말 시점에는 재고 자산 잔액이 앞 페이지에 나온 표와 같이 3,000만 원이 된다. 선입 선출법에 대한 이미지가 머릿속에 그려지는가? 그렇다면 그 다음에는 총평균법으로 사고하는 방법에 대해 알아보자.

▌재고 자산의 계산 방법 ② 총평균법

총평균법은 **대상 기간 동안 재고 자산 가격 총액에서 단위당 평균 원가를 산출한 후, 그 평균 원가에 월말(기업에 따라서는 기말)의 재고 자산 재고 수를 곱하는 방법**이다. 이번에도 의류 회사를 예로 들어 총평균법을 이용한 재고 자산 계산 방법을 설명하도록 하겠다.

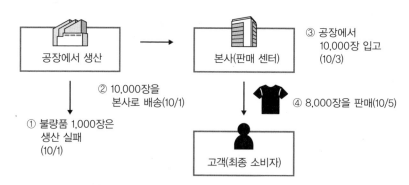

◆재고 자산의 입고와 출고 이미지(10월차)

재고 자산의 수나 금액은 선입 선출법 때와 변함이 없으며, 표로 정리하면 다음과 같다.

◆재고 자산 입고 · 출고 관리표(본사) 10월차(총평균법)

날짜	종류	상태	장소	수량@ (매)	원가 (@)	금액
10/3	의류품	매입 계상	본사	10,000	@1,000원	10,000천 원
10/5	의류품	지출	고객에게 판매	△8,000	@1,000원	△8,000천 원
월말	의류품	재고	본사	2,000	@1,000원	2,000천 원

10월 말 시점에서는 매입 회수가 1회뿐이므로, 월말 시점의 재고 자산의 평가는 간단하다. 2,000매에 1매당 원가 1,000원을 곱하기만 하면 결과적으로 10월 말 시점의 재고 자산 잔액은 200만 원이 된다. 11월에 있을 재고 자산의 동향을 살펴보자.

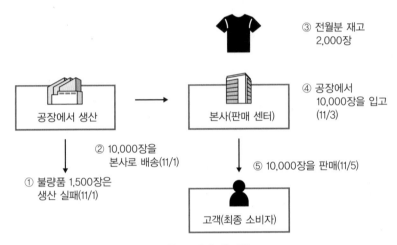

③ 전월분 재고
2,000장

④ 공장에서
10,000장을 입고
(11/3)

공장에서 생산 → 본사(판매 센터)

② 10,000장을
본사로 배송(11/1)

⑤ 10,000장을 판매(11/5)

① 불량품 1,500장은
생산 실패(11/1)

고객(최종 소비자)

◆본사가 실시하는 재고 자산의 입고와 출고 이미지(11월)

이것도 선입 선출법과 같은 그림이다. 재고 자산의 움직임은 변화가 없지만 계산 방법은 어떠한가? 아래 표에 정리해 보았다.

◆재고 자산 입고·출고 관리표(본사) 11월차(총평균법)

날짜	종류	상태	장소	수량@ (매)	원가 (@)	금액
월초	의류품	재고	본사	2,000	@1,000원	2,000천 원
11/3	의류품	매입 계상	본사	10,000	@1,500원	15,000천 원
11/5	의류품	지출	고객에게 판매	△10,000	@1,416…원	△14,166…천 원
월말	의류품	재고	본사	2,000	@1,416…원	약 2,834천 원

선입 선출법과 비교하면 11월 5일 시점의 행에 차이가 있다. 선입 선출법에서는 오래된 재고 자산에서 먼저 지불하고 그것에 기초하여 1매당 원가를 계산했는데,

이번에는 총평균법으로 **이월분을 포함한 총액을 개수로 나누어 1매당 원가를 산출**하므로 월말 시점의 재고 자산 잔고 결과도 달라진다. 선입 선출법을 사용한 경우 11월 말 시점의 재고 자산 잔액은 300만 원이었지만, 총평균법을 사용한 경우에는 약 280만 원이 된다.

이렇게 재고 관리 시스템을 개발하는 시스템 엔지니어는 재고뿐만 아니라 **회계 관리 시스템의 움직임에도 주의를 기울일 필요**가 있다.

제 **9** 장

재고 관리
관련 시스템(5)
-원가 관리

원가 관리의 필요성

국가나 지자체에 보고할 의무가 없는 원가 관리에 회사가 주력하는 이유

▌원가 계산이란?

앞 장에서 언급한 의류 기업의 제조·생산 라인에서는 회사가 공급처로부터 원재료나 물품 등을 구입한다. 그리고 그것들을 가공하여 상품을 제조·생산하고, 고객에게 판매한다. 이 제조·생산 공정에서는 원재료나 물품 등의 조달 비용 외에도 가공 작업에 드는 스태프의 인건비, 나아가 제조·생산에 필요한 설비 기계의 감가상각비 등 다양한 비용이 든다.

이들 상품의 제조·생산에 들어간 비용을 계산하고, 상품의 원가를 계산하는 것을 <u>원가 계산</u>이라고 한다. 원가 계산은 1962년에 대장성(현재의 재무성)의 기업회계심의회가 공표한 <u>원가 계산 기준</u>이 일본의 원가 계산의 초석이 되었다. 이 원가 계산 기준에서는 '상품'이라는 말이 아니라 '<u>제품</u>'이라는 말이 사용되므로 여기서는 '제품'이라는 말로 통일하기로 한다.

▌원가 계산의 목적

원가 계산 기준에서는 원가 계산의 목적은 5가지가 있다고 한다.

첫째는 <u>대차 대조표나 손익 계산서 같은 결산 서류로서 대외용으로 결산 수치를 공표</u>하기 위해서, 둘째는 <u>제품을 얼마에 판매할지 검토</u>하기 위해서, 셋째는 <u>제조에 들어간 원가 내역을 분석하여 쓸데없는 비용을 억제</u>하기 위해서, 넷째 <u>다음 달, 다음 해의 사업 예산을 생각</u>하기 위해, 마지막 다섯째는 <u>중장기적인 경영 기획을 생각</u>하기 위해서이다.

각 목적에 대해서는 자세히 언급하지 않겠지만, 원가 계산은 이러한 이유에 기초하여 이루어지고 있다는 것을 염두에 두면 원가 계산과 재고 관리가 왜 밀접하게 관련되어 있는지 이해할 수 있을 것이다.

| 재무제표
목적 | 가격 계산
목적 | 원가 관리
목적 | 예산 편성
목적 | 경영 계획
목적 |

◆ 원가 계산의 5가지 목적

원가의 구성 요소

원가를 계산할 때 가장 중요한 것은 **제조·생산에 들어간 비용을 세목별로 분류하여 계산·관리하는 것**으로, 현행 원가 계산의 룰에서는 ① 재료비, ② 노무비, ③ 경비의 3가지로 분류된다. 그러면 이 세 가지에 대해 살펴보도록 하자.

원가의 구성 요소 ① 재료비

원가의 구성 요소 중 하나인 재료비는 이름 그대로 **제조, 생산하는 데 사용하는 원재료의 원가**를 가리킨다. 라면 가게를 예로 들면 면의 제조 생산에 사용하는 밀가루와 스프에 들어가는 닭과 돼지뼈, 면 위에 얹는 죽순 절임이나 돼지 구이, 대파나 콩나물이 재료비에 해당하는데, 보통 재료비는 제조·생산량이 늘어나면 그에 비례해 늘어나는 법이다.

원가 계산상 이 재료비는 **직접 재료비**와 **간접 재료비**로 분류할 수 있다. 라면 가게를 예로 들면 직접 재료비는 라면을 제조 생산하는 데 드는 금액 중에서 개별 계산할 수 있는 품목이 대상이 되고 그 반대의 품목은 간접 재료비로 취급한다. 예를 들면 라면을 만들 때 사용하는 일회용 장갑이나 돼지 구이 기름을 빨아 내기 위해 사용하는 기름종이 등이 간접 재료비에 해당된다. 그리고 이 직간접 분류가 정확해질수록 나중에 원가 계산 시스템의 정밀도도 올라가고, 그것이 재고 관리 시스템이나 그 밖의 업무 관리 시스템에도 영향을 미친다.

라면의 경우

닭 뼈

밀가루

대파

죽순 절임   돼지 구이   숙주

직접 재료비

일회용 장갑

키친타월

간접 재료비

◆재료비의 두 가지 분류

▌원가의 구성 요소 ② 노무비

제품을 제조 생산하고 판매하기까지 드는 노동력의 대가가 노무비에 해당한다. 구체적 노무비는 제조 부문과 생산 부문에서 일하는 직원의 임금, 본사 경영 사무소 등 제조 생산 라인 이외에서 일하는 직원의 월급, 그 외 직원과 스태프에게 주는 상여금과 퇴직금의 적립분, 사회보험의 기업 부담금도 노무비에 해당한다. 또한 앞에서 말한 재료비와 같이 노무비도 **직접 및 간접 노무비**로 나뉜다.

| 원가의 구성 요소 ③ 경비

재료비, 노무비로 분류되지 않는 그 이외의 것은 경비로 처리한다. 결과적으로 경비에는 다양한 원가가 포함된다. 제조 부문과 생산 부문이 있는 회사라면 가장 많이 지출되는 비용은 전기 요금이 될 것이다. 여기서 이 경비도 직접적으로 제조·생산에 관여했는지 여부에 따라 **직접 경비**와 **간접 경비**로 분류할 수 있다. 재고 관리 시스템과 직접 관계가 없기 때문에 자세히는 언급하지 않겠지만, 이 경비도 측정 경비, 지불 경비, 월할 경비, 발생 경비처럼 기업의 원가 계산 제도에 따라 더욱 세세하게 분류된다.

원가 계산에서는 재료비, 노무비, 경비가 원가의 구성 요소에 포함된다.

◆ **원가의 구성 요소**

명칭	직접 원가(직접 파악)	간접 원가(직접 파악 불가)
재료비	직접 재료비	간접 재료비
노무비	직접 노무비	간접 노무비
경비	직접 경비	간접 경비

예를 들어, 원자재 X는 제품 X에만 사용되고 원자재 Y는 제품 Y에만 사용된다고 가정해 보자. 이렇게 알기 쉬운 예라면 어디에 얼마나 많은 원료가 소비되었는지를 금방 파악할 수 있을 것이다. 반면 수도 광열비는 제품 X에도 제품 Y에도 어떤 부피로 소비했는지 직접적인 파악이 어려울 것이다. 하지만 이런 상황에서도 계산과 관리를 원활하게 하기 위해 현행 원가 계산에서는 비용을 직접 비용과 간접 비용으로 분류하고 있다. 여기서 말하는 직접 원가와 간접 원가의 개념은 9-3에서도 등장하게 되니 확실히 이해한 후에 다음 페이지로 넘어가도록 하자.

9-2 원가 계산의 종류

각 원가 계산의 개요, 비품·완제품 원가의 확정 흐름 등
원가 관리의 개념을 확실히 이해한다

▌업계·업종, 취급 상품에 따라 달라지는 원가 계산의 구조

업계와 업종이 다양하듯이 원가 계산의 종류도 다양하다. 현재 실행하는 원가 계산을 표로 나타내면 다음과 같다.

◆주요 원가 계산 종류

종류	원가 계산		
사업 형태별	종합 원가 계산	단순 종합 원가 계산	단일 공정 단순 종합 원가 계산
			공정별 단순 종합 원가 계산
		등급별 종합 원가 계산	단일 공정 등급별 종합 원가 계산
			공정별 등급별 종합 원가 계산
		조직별 종합 원가 계산	단일 공정 조별 종합 원가 계산
			공정별 조별 종합 원가 계산
	개별 원가 계산		
목적별	표준 원가 계산		
	실제 원가 계산(전부 원가 계산)		
	직접 원가 계산		

먼저 사업 형태별 원가 계산에서 **종합 원가 계산**은 규격화된 표준적인 제품을 계속해서 대량으로 생산하는 기업을 위한 원가 계산이다. 이는 컴퓨터 단말기, 가구나 소비재를 취급하는 대기업에서 사용하고 있다. 또한 **개별 원가 계산**은 수주 생산을 하는 기업이 채용하고 있는데 수주 생산의 경우, 하나하나 제품의 사양이나 설계가 다르기 때문에 제품 및 주문 단위로 원가를 산출하는 것이 편리하다. 나머지 3개는 종별로 다를 수 있으며, 앞에서 설명한 종합 원가 계산, 개별 원가 계산

과는 의미가 다르다.

그다음 목적별 원가 계산엥서, 첫 번째 표준 원가 계산은 과학적·통계적 분석을 바탕으로 산출한 표준 원가에 의해 **제품 원가**를 산출하는 방법을 말한다. 두 번째 실제 원가 계산(전부 원가 계산)은 실제로 제조·생산에 사용된 원재료나 물품 등의 수량, 단가, 소비한 작업 시간을 누적한 **실제 발생 원가**에 의해 제품 단가를 산출한다. 세 번째 직접 원가 계산은 제품의 제조에 드는 비용을 고정 비용과 변동비용으로 분류한 다음, 고정 비용에 대해서는 총액을 **기간 원가**로 취급하고, 개별 제품의 제조에 직접적으로 관계되는 변동 비용은 제품 원가로 취급한다.

물론 엔지니어가 원가 계산 제도를 전부 이해할 필요는 없다. 하지만 **고객이 채택하는 원가 계산 제도가 무엇인지 알고, 그 제도가 재고 관리 시스템과 인접한 원가 관리 시스템에 어떤 영향**을 미치는지 설계·개발 단계에 들어가기 전에 꼼꼼히 조사할 필요가 있다. 이 책에서는 모든 원가 계산 제도에 대해서는 다루지 않지만, 대표적인 원가 계산 제도의 하나인 종합 원가 계산 중의 **단일 공정 단순 종합 원가 계산**에 대해서 조금 언급하고자 한다.

▌단일 공정 단순 종합 원가 계산은 무엇인가

단일 공정 단순 종합 원가 계산은 이름 그대로 단일 제품을 **단일 공정으로 제조 생산하는 공장에서 적용하는 원가 계산**을 말한다. 일정 기간에 발생한 비용을 그 기간에 제조·생산한 품목 수로 나누어 개당 제품 단가를 계산한다. 여기서 눈치챈 사람도 있겠지만 단순 종합 원가 계산 중 공정별 단순 종합 원가 계산은 **단일 제품을 여러 공정에서 제조·생산하는 공장에서 사용되는 원가 계산**이다. 공정별 단순 종합 원가 계산의 경우 각 공정에서 발생한 공통 비용을 배분하는 절차가 필요하다. 하지만 이 책은 원가 관리 시스템에 관한 서적이 아니므로 배분의 구조나 구체적인 내용은 다른 책에서 정리하기로 한다.

이야기를 되돌려 보자. 단일 공정 단순 종합 원가 계산은 앞에서 예로 든 것처럼 라면 가게에서 사용하는 면을 만드는 제면업 외에 제빙업, 전구 제조업 등의 사업자에게 적용되고 있다. 단일 공정 단순 종합 원가 계산에서는 1개당 제조 단가를 다음 그림처럼 산출한다.

단일 공정 단순 종합 원가 계산을 채용하고 있는 회사의 경우, 원가 관리 시스템 상에서도 다음 그림의 계산 방법에 맞춰 시스템을 설계할 필요가 있다.

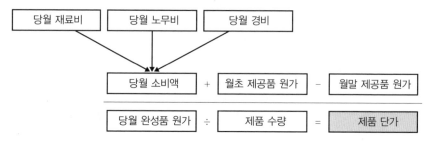

◆단일 공정 단순 종합 원가 계산에 의한 제품 원가 산출 방법

▌제작 중인 물건의 원가와 완성품의 원가

제작 중인 물건의 원가와 완성품의 원가는 원가 관리 시스템 또는 회계 관리 시스템을 설계하는 엔지니어의 범주에 따라 달라지지만 제조·생산된 재고 자산은 원가 계산을 마친 상태에서 이미 본사나 판매 거점으로 출하되기 때문에 기본적으로 재고 관리 시스템에서 산출된다. 또한 원가 관리 시스템과 재고 관리 시스템은 서로 밀접하게 관련되어 있다. 그래서 두 시스템 간에 데이터를 어디에서 어디로 전달하고 처리를 수행할지, 그 순서를 사전 약정에서 명확히 해 둘 필요가 있다.

그렇다면 미완성품 원가와 완성품 원가는 어떤 흐름으로 확정될까? 이번에는 전구 제조 업체를 예로 들어 미완성품 원가부터 살펴보자. 또한 이를 포함하여 당월 150만 개의 전구를 제조·생산하고, 그중 15만 개가 지난달 말과 마찬가지로 미완성 상태로 남아 있다고 하자. 결과적으로 당월에 완성된 수량은 145만 개가 된다. 이 흐름을 다음 페이지의 표에서 정리해 보기로 한다. 조금 더 쉽게 이해할 수 있도록 적당한 금액도 넣어 보았다.

◆제작 중인 물건의 원가와 완성품의 원가 예(전구 제조의 경우)

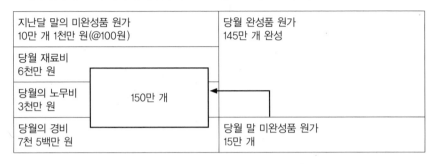

지난달 말의 미완성품 원가 10만 개 1천만 원(@100원)	당월 완성품 원가 145만 개 완성
당월 재료비 6천만 원	
당월의 노무비 3천만 원	150만 개
당월의 경비 7천 5백만 원	당월 말 미완성품 원가 15만 개

위 표와 같이 통상적인 생산 활동에서는 미완성품이 남는데, 문제는 그 미완성품이 어디까지 완성되었는지, 즉 **가공 진척도**를 산출해야 한다는 것이다. 여기서 가공 진척도란 작업의 진척도를 말하는데, 완성품을 100%로 했을 때 **미완성품의 완성도가 어느 정도인지를 알아야** 한다.

직접 재료비는 기본적으로 **시점 투입**, 즉 제조 공정의 시작 단계부터 재료를 사용하여 만들기 시작하므로, 가공 진척도를 계산할 필요가 없다.

백열전구를 예로 들어 생각해 보자. 백열전구의 바깥쪽은 유리의 바탕이 되는 규사로 되어 있는데, 이 규사를 끈적끈적하게 녹여 필요한 형태로 성형하면 백열전구 모양의 유리가 만들어진다. 직접 재료비로 생각할 수 있는 원재료인 규사는 처음부터 투입되기 때문에 가공 진척도를 의식할 필요가 없다.

직접 재료비 이외의 비용은 가공 진척도 산출이 필요하다. 노무비를 예로 들어 보자. 공장에서 전구를 가공·조립 작업하는 노동자를 생각했을 때 가령 1개의 전구를 가공·조립하기 위해서 3분의 작업 시간이 필요하고 월말 시점, 3분이 걸리는 작업 중 1분밖에 할 수 없었다면 이 경우 작업 진행률은 약 33%가 되고, 1.5분까지 작업이 투입되었다면 50%가 나온다.

이처럼 직접 재료비 이외의 기타 비용 항목은 가공 진척도를 가미한 **완제품 환산량**을 기준으로 하여 완성품 원가와 완제품 원가를 산출한다. 완제품 환산량은 이달 말에 완성품 수량에 가공 진척도를 곱한다. 가령 완성품 환산량이 10만 개라고 가정하면, 앞 페이지의 표는 다음과 같이 수정된다.

◆가공 진척도를 가미한 제작 중인 물건의 원가와 원성품의 원가 예(전구 제조의 경우)

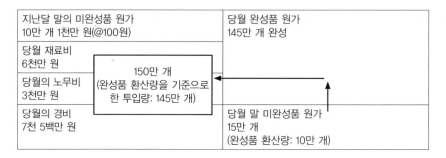

지난달 말의 미완성품 원가 10만 개 1천만 원(@100원)	당월 완성품 원가 145만 개 완성
당월 재료비 6천만 원	150만 개 (완성품 환산량을 기준으로 한 투입량: 145만 개)
당월의 노무비 3천만 원	
당월의 경비 7천 5백만 원	당월 말 미완성품 원가 15만 개 (완성품 환산량: 10만 개)

즉, **직접 재료비 이외의 비용은 가공 진척도를 가미한 완제품 환산량을 기준으로 원가 계산을 하는 흐름**이다.

가공 진척도 산출의 간편 처리

공장에서의 실시하는 원가 계산은 앞에서 설명한 대로 가공 진척도를 산출하여 월말의 가공품 원가를 산출하고 있다. 하지만 가공품의 금액이나 수량이 적은 경우 중요성의 관점에서 완성품 환산량을 고려하지 않고 처리하는 경우도 있다. 연속된 제조·생산 라인에서 가공·조립이 이루어지고 동일 공정 내에서의 가공 진척도가 0~100%까지 균일하게 분포하는 경우에는 가공 진척도를 50%로 간주하여 간편하게 원가 계산을 하는 경우도 있다. 간편 처리의 채택 여부는 기업의 원가 계산 방침에 따라 결정한다.

9-3 원가 관리 시스템의 역할

원가 계산 오류는 심각한 리스크로 연결되기에 데이터 수집을
정확하게 할 수 있는 시스템 구축이 필요하다

▌생산할 때 어느 정도의 비용이 드는지 적절하게 계산하자

9-1에서는 원가를 구성하는 요소인 재료비나 노무비, 경비가 갖는 의미에 대해서 구체적으로 설명하였다. 또 9-2에서는 기업이 적용하는 원가 계산의 종류에 대해 언급하고 전구 제조업자를 전제로 단일 공정 단순 종합 원가 계산의 흐름을 살펴보았다.

9-3에서는 원가 및 원가 계산 체계에 대한 지식을 바탕으로 원가 관리 시스템의 역할과 시스템을 구축할 때 필요한 점에 대해 설명하도록 하겠다.

▌상품 생산 비용을 계산·관리한다

원가 관리 시스템은 **상품 생산을 할 때 어느 정도 비용이 들지에 대해 계산·관리하는 것**이다. 소매업이나 도매업에서는 완성된 상품만을 취급하기 때문에 원가와 이익을 파악하기 쉽지만 제조업에서는 그렇게 간단하지 않다. 상품을 구성하는 원재료를 매입하고, 생산 활동을 담당하는 노동자의 인건비나 기계 설비 구입에 드는 비용, 외주를 주는 경우에는 그 외주 비용, 나아가 생산 현장에서 발생하는 수도·광열비 등을 분배해 계산해야 한다. 이러한 생산 제조 활동에 드는 원가는 모두 원가 관리 시스템 내에서 이루어진다.

원가 관리 시스템이 이루어지는 회사에서는 적절한 원가 계산이 이루어질 것이다. 그리고 이는 최종적으로 올바른 이익 계산으로 이어지고, 다시 말해 **상품을 생산·제조하여 어느 정도의 이익이 발생하는지를 파악**할 수 있다.

또한 제조·생산 현장에서는 사용하는 원재료 변경이나 생산 방법을 재검토할 것이다. 올바른 원가 관리 시스템의 설계·개발·운용이 이루어지고 있으면 좋겠지만 그렇지 않은 경우 상품 하나하나의 원가 계산을 잘못하게 된다. 결과적으로 이익 계산을 잘못해서 정말로 회사가 돈을 벌고 있는지 알 수 없는 상태가 되면 경영 관리 관점에서는 매우 큰 리스크를 안게 된다. 따라서 재고 관리 시스템과 마찬가지로 원가 관리 시스템의 역할은 매우 크며, 다양한 상황에 대비하여 설계·개발될 필요가 있다.

▌원가 관리 시스템 구축 시 포인트

적절한 원가 관리는 상품 단위의 정확한 원가와 이익을 알 수 있을 뿐만 아니라 생산 활동의 진척 관리나 원재료의 발주량 조절로 이어져 결품이나 품절, 과잉 재고 같은 리스크를 제거하는 데도 크게 기여한다. 결과적으로 회사 전체의 현금 흐름 개선과 업무 효율 향상이라는 이점을 누릴 수 있다.

이처럼 장점이 큰 원가 관리 시스템이지만 구축 시에는 주의가 필요하다. 9-1의 원가 구성 요소에서도 언급했듯이 원가는 직접 원가와 간접 원가로 분류된다. 직접 원가란 직접 재료비, 직접 노무비, 직접 경비로 구성된 것으로, 하나의 상품 생산에 드는 것을 명확하게 알 수 있는 비용을 말하며, 즉 상품을 만들기 위한 작업 시간(작업 원가)이나 상품에 사용되고 있는 원재료(원재료 원가) 등이 그것에 해당한다.

간접 원가는 간접 재료비, 간접 노무비, 간접 경비로 구성되어 있는데, 직접 원가와 달리 생산 활동에 얼마나 드는지 파악할 수 없는 것, 어려운 것을 가리킨다.

원가 관리 시스템상 관리·계산 대상이 되는 것은 직접 원가이며, 간접 원가에 관해서는 앞에서 말한 바와 같이 직접적인 파악이 어렵기 때문에 회사 독자적으로 정한 배분 방법 등을 통해 시스템에 투입되는 경우가 많다. 따라서 여기에서는 직접 원가에 초점을 맞춰 설명을 계속하기로 한다. 원가 관리 시스템상 직접 원가 데이터는 다음과 같은 방법으로 수집한다.

- 작업 원가: 생산 활동 착수 시점부터 완료 시점까지의 시간을 측정
- 원재료 원가: 생산 활동 착수 시점부터 완료 시점까지 투입한 원재료를 기록

작업 원가를 측정할 때 주의해야 할 점은 **생산 활동 중단 시간의 취급**이다. 여기서 중단 시간이란 기계 설비의 고장으로 인한 중단 시간 외에 생산 활동에 종사하는 노동자의 휴식 시간 등을 가리킨다. 적절한 원가 계산을 하기 위해서는 **이러한 중단 시간을 제외할 수 있도록** 원가 관리 시스템을 설계하고 개발해야 하며, 취급하는 상품에 따라서는 절삭 공정, 가공 공정, 조립 공정처럼 여러 공정으로 나뉘어 있는 것이 보통이다. 원가 관리 시스템상 작업 원가를 정확하게 계산하기 위해서는 어느 공정에서 생산 활동이 중단되었는지를 정확하게 파악할 필요가 있으며, 따라서 원가 관리 시스템을 설계할 때는 **각 공정별로 작업 원가와 중단 시간을 측정할 수 있도록** 고려해야 한다.

원재료 원가는 각 공정에서 사용되는 원재료와 투입 시점을 정확하게 기록할 필요가 있지만, 작업 원가와 비교했을 때 그렇게 복잡한 경우는 많지 않다. 다만 원재료의 관리가 수량 단위가 아니라 다발이나 중량 단위가 되는 경우, 어느 공정에 얼마나 사용했는지 불명확해지는 경우도 있기 때문에 **취급하는 원재료의 성질이나 단위를 제대로 파악하여 시스템을 설계할 때 시간을 줄이는 일**이 중요하다.

표준 원가 계산상의 원가 차이의 처리

차액 처리를 이해하고 재고 항목에 영향을 주는 경우도 파악해야 한다

▌표준 원가 계산의 개요

앞에서 언급했듯이 표준 원가 계산은 과학·통계적인 분석에 의해 산출한 표준 원가를 이용하여 제품 원가를 산출하는 방법이다. 반면 표준 원가 계산을 적용할 경우, 통상적으로는 연도 초에 사업 예산 등을 기초로 표준 원가를 정한다. 규모가 큰 회사일수록 평가 기간은 세분화되는 경향이 있으며, 매주 말, 매월 말, 매 분기 말, 매년 말 등의 형태로 표준 원가를 재검토하여 실제 원가 등과 비교 평가한다.

9-1에서 소개했듯이 이 표준 원가의 원가 구성도 기본적으로는 변하지 않는다. 원가의 3요소인 재료비, 노무비, 경비를 직접비 또는 간접비로 분류하여 각각을 집계하는 것이다. 간접비로 분류된 각 비용은 원가 계산상 **제조 간접비**라는 명목으로 합산하여 처리된다. 표준 원가 계산을 도입하는 기업은 장래의 실적을 예측할 수 있는 반면 업무 절차가 복잡해진다. 아래 그림을 사용하여 표준 원가 설정의 흐름

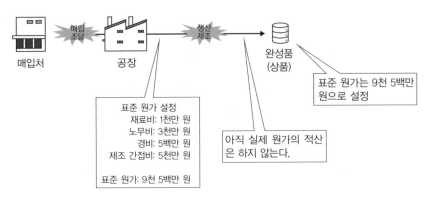

◆표준 원가 설정의 흐름

216

을 살펴보자.

원가 관리 담당자는 과거 실적 등을 토대로 각종 비용의 표준값을 산출해야 하는데, 앞 페이지의 그림에서는 재료비가 1천만 원, 노무비가 3천만 원, 경비가 5백만 원이다. 제조 간접비가 5천만 원이 될 것으로 예측하고 설정하고 있으며, 결과적으로 완제품(상품)의 표준 원가는 9천 5백만 원이 될 것이라고 계획을 세우고 있다.

그러나 실제 원가도 고려하면 그렇게 잘 되지 않을 것이다. 왜냐하면 사업 활동을 하는 동안 원재료 가격이 떨어지거나 공장에서 일하는 노동자의 임금이 상승하거나 수도·광열비가 예상보다 많이 들기 때문이다. 앞 장의 그림에서는 실제 원가의 누적 계산이 끝나지 않은 상태지만 시간이 지나면 재료비, 노무비, 경비, 제조 간접비의 수치가 명확해지므로 결과적으로 원가 계산의 실무에서는 표준 원가와 실제 원가 사이에 어떤 괴리가 발생하는데, 아래 그림과 같다.

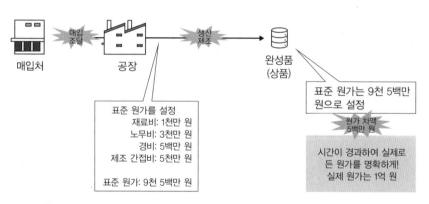

◆표준 원가와 실제 원가의 괴리

▎원가 차이는 당해 연도 매출 원가로 계상한다

표준 원가와 실제 원가의 차이로 나타나는 것이 **원가 차이**이다. 원가 차이는 원칙적으로 **해당 연도의 매출 원가**로 계상해야 하므로 앞 절에서 등장한 기말 재고품과 같은 재고 취급으로 생각해서는 안 된다. 재고 관리 시스템과 원가 관리 시스템을 다루는 엔지니어는 이 부분에 주의를 기울일 필요가 있다.

준원가와 실제 원가의 차이는 **총원가 차이**가 된다. 굳이 원가 차이의 머리에 '총'이라는 단어를 붙인 이유는 원가 차이를 세분화하여 분석할 필요가 있기 때문이다.

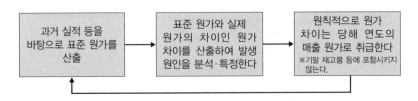

◆ 원가 차이에 대한 접근 방법

기업에 따라 원가 차이에 대한 접근법이나 대처법은 다르지만, 발생 원인을 추적하고 특정할 수 있으면 다음 분기 이후의 표준 원가 계산의 정확도가 더욱 향상될 것이다. 원가 관리 실무에서는 다음과 같은 원가 차이가 발생한다.

◆ 원가 차이의 내역

원재료에 대한 원가 차이	재료 수입 가격 차이		원자재의 수입 가격을 표준 가격으로 계산함으로써 발생하는 차이
	직접 재료비	가격 차이	원재료의 표준 소비 가격과 실제 소비 가격의 차이
		수량 차이	원재료의 표준 소비량과 실제 소비량의 차이
노무비에 대한 원가 차이	직접 노무비 차이	임률 차이	표준 임률과 실제 임률의 차이
		작업 시간 차이	표준 작업 시간과 실제 작업 시간의 차이
제조 간접비에 대한 원가 차이	제조 간접비 차이	능률 차이	표준값(목표값)과 실제 조업도와의 차이
		조업도 차이	기준 조업도 대비 실제 조업도와의 차이
		예산 차이	실제 조업도에 따른 제조 간접비 발생액과 예산 허용액의 차이

재료 수입 가격 차이와 직접 재료비 차이는 모두 원재료에 관한 원가 차이이지만, 재료 수입 가격 차이는 원재료 수입 구매 시의 표준 수입 가격과 실제 수입 가격의 차이인 반면, 직접 재료비 차이는 공장 내 조립이나 가공 시의 표준 직접 재료비와 실제 소비 가격의 차이이므로 발생 시점에 차이가 있다. 직접 재료비 차이 중 가격 차이는 표준 소비가와 실제 소비가의 차이에서 생기는 것이고, 수량 차이는 표준 소비가와 실제 소비가의 차이에서 생기는 것이다. 아무리 면밀한 구매 계획이나 생산 계획을 수립해도 계획값과 실적값에는 괴리가 발생하기 마련이다.

직접 노무비 차이는 공장에서 일하는 직원의 직접적인 가동에서 발생하는 차이를 의미한다. 그중 임률 차이는 임률 변경 등에 따라 표준 임률과 실제 임률의 괴리를 가리키고 있으며, 다른 하나의 작업 시간 차이는 예상되는 작업 시간을 초과하여 작업을 수행한 경우에 발생하는 차이를 의미한다. 또한 작업 시간 차이는 공장 내의 작업자의 기술 부족에 따른 작업 시간 증가 및 표준 시간 설정 오류 등으로 인해 발생한다.

제조 간접비 차이는 제조 간접비의 표준값과 실적값의 차이를 말하며, 구성 요소는 능률 차이, 조업도 차이, 예산 차이이다. 이 중 능률 차이는 작업의 비효율 등이 원인이 되어 발생하는 차이를 가리킨다. 조업도 차이는 천재지변 등의 이유로 당초 예정했던 생산 수준을 달성하지 못한 경우에 생기는 차이를 의미하며, 마지막 예산 차이는 예상 이상의 경비 등이 소요된 경우에 발생하는 차이로 실제 조업도에 근거한 제조 간접비 발생액과 예산 허용액의 차이로 산출한다.

경비는 대부분 간접비로 분류되기 때문에 직접 경비 중에서 차이가 발생하는 경우는 적고, 원가 관리 실무상에서도 차이로 인식되지 않는 것이 대부분이기 때문에 앞 장의 표에는 기술하지 않았다.

또한 앞에서 말한 대로 원가 차이는 원칙적으로 매출 원가로 계상해야 하는데, 거액의 원가 차이가 발생하는 경우 금액적 중요성을 감안하여 매출 원가와 기말 재고품(재고)에 올바르게 배분할 필요가 있다.

이번 페이지에서는 **원가 차이도 기말 재고품과 같은 재고 과목에 영향을 미친다**는 사실을 염두에 두면 좋을 것이다.

▌원가 표준 개정의 평가 교체 절차

기업이 표준 원가 계산을 도입하고 있는 경우, 원가 차액의 설명에서도 언급했지만 원재료 가격의 개정이나 공원의 임률 개정, 공장 내에서 가동시키는 기계 설비의 교체 시기도 염두에 둘 필요가 있다. 기업의 사업 방침 변경 등에 따라 각종 개정이 이루어질 경우 표준 원가에도 영향을 미치기 때문이다. 원가 관리 시스템도 이에 대비하여 담당자가 **원가 표준 개정 시에 이를 처리할 수 있도록 유연성을 가질** 필요가 있다.

각종 원가 표준의 개정이 이루어진 경우, 해당 발생일에 금액을 보정하고, 보정 처리에 의해 발생하는 차액은 앞에서 언급한 원가 차액으로 기록한다. 원재료 가격에 관한 개정이라면 차이 항목은 재료 수용 가격 차이가 적절할 것이다.

▌보충·직접 원가 계산(부분 원가 계산)에 대하여

9-2에서는 단일 공정 단순 종합 원가 계산에 대해 언급했다. 그리고 그 가운데 대기업·제조기업 등이 채용하는 종합 원가 계산의 구조와 실제 원가의 산출 방법에 대해 살펴보았다. 9-3에서는 표준 원가 계산의 구조나 실제 원가와의 비교에 의해 발생하는 원가 차이의 상세한 내용을 다루고, 그것들이 기말 재고품, 즉 원가 관리상의 재고에 어떤 영향을 미치는지를 소개했다.

실제 원가 계산이나 표준 원가 계산과는 달리 직접 원가 계산은 일명 **부분 원가 계산**이라 불리는 것으로, 발생한 원가 중 변동비만을 제조 원가로 집계하고 고정비 부분은 제조 원가로 집계하지 않는 것이며, 이 방법에 기초하여 산출된 제조 원가로 재무제표 등을 작성하는 것은 인정되지 않는다.

다만 직접 원가 계산을 채용함으로써 상품 판매량과 이익의 관계성이 보다 구체적이고 명료해지기 때문에 관리 회계상으로는 유용하다. 따라서 이 책에서는 이 직접 원가 계산에 대해서는 구체적으로 언급하지 않는다.

제 10 장

그 외의
재고 관리 관련
업무 관리 시스템

물류 관리 시스템, LMS

문제가 생기기 쉬운 물류 관리 구조

▌ 업계·업종에 따라 특화된 LMS, TMS, WMS

지금까지 재고 관리 시스템의 부수적 시스템인 생산 관리 시스템, 판매 관리 시스템, 구매 관리 시스템, 회계 관리 시스템, 원가 관리 시스템에 대해 설명하였다. 대부분의 기업에서는 이 시스템들을 포괄하여 '**기간 시스템**'이라고 부르는 경우가 많다. 기간 시스템은 기업이 사회 활동을 수행할 때 근간이 되는 업무 관리 시스템을 지칭하는데 어떤 기업에서는 이 '근간이 되는 업무'의 의미가 조금 다르다. 예를 들면 유통업을 경영하는 기업에서는 물류가 근간 업무가 되고, 운송업에서는 운송·배송이 근간 업무에 해당한다. 창고업을 경영하는 기업의 경우 창고 관리가 여기에 해당한다.

다양한 업계와 업종이 존재하는 것처럼 업무 관리의 영역도 다양해지고 있으며, 그에 맞춰 업무 관리 시스템도 변화하고 있다. 특히 대기업을 중심으로 이 업무 관리 시스템의 영역은 독자적인 발전을 이루고 있다. 예를 들어, 앞서 언급한 물류업 기업용으로는 **LMS**(Logistics Management System)라 불리는 물류 관리 시스템, 운송업 기업용으로는 **TMS**(Transport Management System)라 불리는 수배송 관리 시스템, 창고업을 영위하는 기업용으로는 **WMS**(Warehouse Management System)라 불리는 창고 관리 시스템이 사용되고 있다.

이들은 업계·업종에 특화된 업무 관리 시스템이기 때문에, 제5장부터 제9장과 같이 개별적으로 장을 나눠 설명하지는 않겠지만, 재고 관리 시스템과 관련 있는 업무 관리 시스템이기에 10장에서 다루기로 한다. 하지만 이들은 각각 공통된 기

능을 가지고 있는 경우가 많기 때문에 이 책에서는 각각의 특징적인 부분에만 초
점을 맞춰 설명하기로 한다.

▍LMS는 무엇인가

최근 DX가 시끄럽다. 그럴 만도 한 것이 글로벌 전체 공급망이 허물어져 지금보
다 더 안정적 공급이 요구되고 있으니 말이다. 특히 제조업이나 물류업에서는 이
DX를 실현하기 위해 공급망의 강화가 필요 불가결하며, 그 근간을 지탱하는 것이
LMS이다. LMS는 상품의 매입부터 최종 사용자에 대한 물류까지 전반을 관리 통
제하기 위해 구축되는 업무 관리 시스템으로, 기업에 따라서는 LMS를 기간 시스
템으로 구축하기도 하다. 물론 LMS상에서 상품을 취급하기 때문에 재고 관리 업
무와도 관련성이 있다. 대형 제조업이나 물류업에서는 이 물류 관리 시스템이 이
름 그대로 물류 관리에 도입되는 경우가 많다.

또 LMS와 유사한 말로서 나중에 소개할 TMS나 WMS가 있으며, 도입하는 기업
의 의사결정이나 업무 범위에 따라 시스템의 명칭이 다르다. TMS, WMS에 대해서
는 다른 절에서 다루겠지만, LMS의 역할은 명백하며, **항상 변화하는 시장과 노동
환경에 잘 적응하면서 최적의 물류 계획을 입안하고, 현장 업무 운영을 바탕으로 한
관리와 KPI 관리를 실시하는 것**이다.

LMS 중에서도 중요하다고 여겨지는 이 물류 계획과 진행 관리 및 KPI(Key
Performance Indicator) 관리에 대해서는 이후에 설명하도록 하겠다.

▍물류 계획의 책정

물류 계획의 목적은 '정해진 거점의 정해진 구획에 정해진 시간에 상품을 전달하
는 것'이다. 당연할지도 모르지만, 많은 품목과 상품이 취급되는 기업들은 이를 실현
하기 위해 상당한 투자를 하고 있고, 그에 따라 긴밀한 계획을 세울 필요가 있다.

나중에 설명하는 TMS도 관련이 있는 이야기지만, 물류 계획을 세울 때에는 물류에 필요한 트럭 대수나 경로 설계를 정해야만 한다. 트럭의 대수를 늘릴수록 많은 양의 물건을 안정적으로 운반할 수 있지만, 수송량이 감소하면 트럭의 빈 공간이 증가하여 채산성이 악화된다. 경로 설계는 물류 거점이 증가함에 따라 복잡해지고 종종 외부 요인에 영향을 받는다. 또한 배송 장소에 따라 요일 지정이나 시간 지정이 있고, 배송 장소에서 하역할 때 다른 물건을 내리는 경우도 있다.

신호는 팰릿(pallet))이 때때로 떨어지면 현지에서 걸리는 시간이 변동할 가능성이 있다. 또한, 운반에 사용되는 트럭에는 적재량이 있기 때문에 어떤 트럭에 얼마나 많은 양을 적재할 것인지 미리 계획해야 한다.

또한 물류 거점 사이를 이동할 때 도로 규제에 신경을 써야 한다. 통행이 불가능한 경우도 있기 때문이다. 트럭은 물론 운전자의 휴식 시간이나 교통사고, 천재지변 등의 발생률에 주의할 필요가 있다.

앞서 언급한 것은 운송에 관한 것이지만, LMS를 구축할 때 운송 외에도 물류 거점 내에서 관리하는 데도 신경을 써야 한다. 왜냐하면 대량의 상품을 한 번에 운반

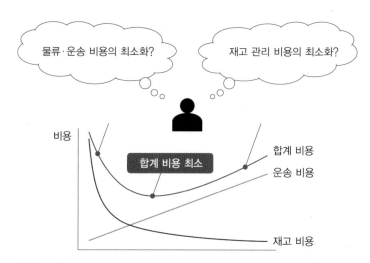

◆물류 운송 비용과 재고 관리 비용의 관계성

하면 수하물의 수용량을 초과할 가능성이 있기 때문이다.

앞 장에서는 몇 번 언급했지만 창고나 관리 센터 내에서 재고가 증가하면 관리 비용이 증가한다. 따라서 물류 계획에 따라 **운송 비용의 최소화와 재고 관리 비용의 최소화를 의식하면서 각 합계 비용이 최소화되는 지점을 찾아야** 한다. 물류 모델이나 재고 관리 모델에 따라 다소 차이가 있지만 이미지는 앞쪽 그림과 같다.

앞서 말했듯이 물류 계획은 "정해진 거점의 정해진 구획에 정해진 시간에 상품을 전달"하도록 설정되어야 한다. 그러나 한 번에 실현하는 것은 매우 어렵고, **LMS를 작동시키면서 물류와 관련된 데이터를 축적하고, 분석하며, 검증하면서 매개 변수를 조정하여 최적화 지점을 계속 찾는 것**이 중요하다.

▌물류 진보 상황 관리, KPI 관리

물류 계획을 책정한 후에는 LMS를 실제로 운용할 수 있게 된다. 구체적으로는 각 입하 상품의 진행 상황을 관리한다. 거점 수가 많은 기업일수록 전 공정과 후 공정 담당자의 문의가 늘어난다. 그 때문에 현재 어느 거점에 얼마나 많은 상품이 운반되고 있는지, LMS의 관리 화면을 통해서 정확하게 상황을 파악하는 것으로, 전해진 문의에도 신속히 회답할 수 있어, 상품의 도착 지연 등에도 유연하게 대응하는 것이 가능해진다.

최근에는 진행 상황 관리와 동시 병행하여 **KPI 관리**를 하는 기업도 늘어나고 있는데, 일례로 출하율이나 오배송률 등의 수치를 토대로 각 공정, 각 입출하 상품의 평가·검증을 하는 경우가 있다. 물류 계획 시 상정한 수치보다 출하율이나 오배송률이 높은 경우, 출하 시 재고 관리 담당의 수속 오류나 배송 시 신청 오류 등을 생각할 수 있다.

또한 물류업에서는 물류의 품질을 오배송률로 측정하는데, 최종 소비자가 도착을 고대하던 상품과 전혀 다른 상품이 도착하면 고객 만족도에 큰 영향을 미치기 때문이다. 일반적인 물류 회사의 오배송률은 50~100PPM(출하 횟수 100만 회당 오배송 발생 횟수)으로 알려져 있는데, 이 기준을 넘을 경우에는 **KPI 개선을 위해 빠른 대처가 필요**하다.

적절한 진척 상황 관리나 KPI 관리 시스템을 구축하지 않으면 중장기적으로 소중한 고객을 잃을 수 있기 때문이다. LMS의 도입을 담당하는 엔지니어는 시스템 구축 시 **어떤 방법으로 진행 관리를 실시하는지, 또한 그 진행 관리 중에 취득할 수 있는 데이터를 생각하고 KPI 관리의 방향성 등을 포함하여 고객에게 제안**해야 한다. 참고로 다음 페이지의 표는 KPI 관리에 사용하는 항목을 일부 게재한 것으로, 물류 기업에 따라 물류의 구조가 전혀 다르기 때문에 참고할 수 있다.

◆물류기업의 KPI 관리(예시)

	취급 상품별				라인별				
	상품 종류별	상품별	하자별	온도 차이별	거점별	배송 위탁지별	배송 스태프별	거래처별	상품 지역별
	종류 A 종류 B 종류 C	상품 A 상품 B 상품 C	팰릿별 개별	상온 냉장 냉동 저온 냉장	A 거점 B 거점 C 거점	A 배송회사 B 배송회사 C 배송회사	A 씨 B 씨 C 씨	A 모양 B 모양 C 모양	A 구역 B 구역 C 구역
오출하율									
오배송률									
반품률									
재고 회전률									
재고 일수									
재고 차이율									
단위당 비용(총)									
단위당 비용(운송 만 해당)									
단위당 비용(작업 만 해당)									
단위당 비용 (보관)									
매출 대 물류 비용 비율									
매출 대 작업 비용 비율									
매출 대 보관 비용 비율									

매트릭스상의 해당 위치에 비율이나 숫자를 넣어, 일일이나 주간 단위 등으로 관리를 실시한다.

10-2 수배송 관리 시스템, TMS

물류 관리를 위한 방법

TMS의 개요

앞 페이지에서는 LMS의 역할에 대해 설명하였다. 그리고 이 페이지에서 이야기할 TMS는 LMS에 가까운 개념이다. 일부 기업에서는 이 TMS의 기능을 LMS에 내장하여 통합형 시스템으로 활용하는 곳도 있고, 운송업을 생업으로 하는 기업 중에는 TMS로서 독자적인 시스템을 구축하여 운용하는 곳도 있다. 반면 TMS의 패키지 소프트웨어를 도입하여 범용적인 수배송 관리를 하는 곳도 있다.

이 페이지에서는 상품이 창고나 물류 관리 센터에서 출고된 후, 도착지까지의 수배송을 총체적으로 관리하는 것을 TMS로 설명해 보려고 한다.

TMS의 특징으로는 배차 계획을 입안하고 그 계획에 따라 각 트럭의 운행 관리, 운임·수지 관리를 하게 되므로 배차 계획, 운행 관리, 운임 관리 및 수지 관리의 3가지로 나누어 각각 설명하고자 한다.

배차 계획의 입안

LMS에서는 물류 계획을 입안하고, 그 계획에 따라 진척 관리나 KPI 관리를 한다고 했다. TMS도 동일하게 **배차 계획**은 매일 운행 일정을 책정한 후, 해당 일에 필요한 트럭의 대수와 그 트럭을 사용하여 상품을 운반하는 운전자를 수배하는 것이다.

배차 계획을 수립할 때는 디지털 지도를 이용해 주행 경로를 시뮬레이션하고, 이를 통해 각 경로의 소요 시간을 산출하는데, 다만 **시뮬레이션을 실행하기 전에**

230

제약 조건을 부여할 필요가 있다. 각 기업에 따라 이 제약 조건은 달라지지만, 일반적으로는 중량과 수량, 용적에 따른 적재율, 최대 회전수(트립 수), 트럭 1대당 하루 평균 최대 배송 건수, 납품처의 제약 조건(도착 지정 시간), 차량 대여지 지정, 상품 종류에 따른 차량 지정, 현장 조건 지정, 혼재 조건, 트럭 운전사의 휴식 시간 설정, 배송지에서의 실제 작업 시간 등이 있다.

▌운행 관리 방법

운행 관리는 트럭에 부착된 전용 단말기나 스마트폰 단말기를 통해 모든 차량의 운행 상황과 가동 상황을 확인하는 것을 말한다. 운행 관리자는 TMS 관리 화면을 통해 배차 계획에 따라 각 트럭이나 트럭 운전자가 움직이고 있는지 모니터링한다.

반면 운행 관리 방법도 기업에 따라 다양하다. 최근에는 **갠트 차트**로 시각적으로 표시하여 전체적으로 관리하는 경우가 많은데, 아래 그림은 갠트 차트에 의한

차량 정보	재적 정보	2022년 12월 1일 6시 7시 8시 9시 10시 11시 12시 13시 14시
A 차량 모델 번호: 4t 트럭	건수 ○건 예정 시간: ○H 수량○ 용적○ 중량○ 예정 회전수 ○회	계획 ○○ 구역 ○○ 구역 / 실적 ○○ 구역 ○○ 구역 비상
B 차량 모델 번호: 4t 트럭	건수 ○건 예정 시간: ○H 수량○ 용적○ 중량○ 예정 회전수 ○회	계획 ○○ 구역 ○○ 구역 ○○구역 / 실적 ○○ 구역 ○○ 구역 ○○ 구역
C 차량 모델 번호: 10t 트럭	건수 ○건 예정 시간: ○H 수량○ 용적○ 중량○ 예정 회전수 ○회	계획 ○○ 구역 ○○ 구역 ○○ 구역 / 실적 ○○ 구역 ○○ 구역 ○○ 구역
D 차량 모델 번호: 10t 트럭	건수 ○건 예정 시간: ○H 수량○ 용적○ 중량○ 예정 회전수 ○회	계획 ○○ 구역 ○○ 구역 ○○ 구역 / 실적 ○○ 구역 ○○ 구역 ○○ 구역
E 차량 모델 번호: 10t 트럭	건수 ○건 예정 시간: ○H 수량○ 용적○ 중량○ 예정 회전수 ○회	계획 ○○ 구역 ○○ 구역 ○○ 구역 / 실적 ○○ 구역 ○○ 구역 ○○ 구역

◆갠트 차트에 의한 운행 관리 화면

운행 관리 화면의 이미지다.

운행 관리 담당자는 입안한 배차 계획에 따라 각 트럭이 운행하고 있는지 여부를 TMS 관리 화면을 통해 실시간으로 모니터링한다.

만일 배차 계획보다 지연되는 트럭이 있을 경우, 앞 페이지의 그림과 같은 경고 표시를 해 운행함으로써 정상화를 위해 조속히 조치를 취할 수 있도록 한다. 예를 들면 비어 있는 가동 트럭을 증원시킴으로 인해 배송 지연을 방지할 수 있다.

또한 TMS에 기대되는 역할 중 하나는 **차량비나 연비 등의 비용 절감**도 있다. 이 경우 각종 제약 조건을 고려한 최적의 배송 경로 설계를 통해 트럭 대수의 절감,

◆TMS와 트럭의 위치 정보 연계(이미지)

경로 단축에 의한 연비 등의 개선을 실현할 수 있다.

하지만 트럭 기사도 인간이기 때문에 배송 경로를 잘못 선택할 가능성도 충분히 있으므로 각 트럭의 운행 기록을 확실하게 축적하고 어디서 어떤 실수가 발생하는지 관리하는 것도 중요하다. 이를 실현하기 위해서는 앞 페이지의 그림과 같이 **TMS의 관리 화면과 트럭에 장착된 전용 단말기나 스마트폰 단말기의 위치 정보를 연계하는 작업이 필요**하다. 이를 완료한 후에 각 트럭의 운행 기록을 정확하게 파악한다.

▌운임 관리 및 수지 관리

운행 관리 담당자가 관리하는 것은 트럭만이 아니다. 배송 업무의 일부를 위탁하고 있는 경우에는 **트럭의 운임 관리**에도 주의를 기울일 필요가 있다. 요금 설정 방법에 따라 다소 차이는 있지만 배송 운임은 보통 지역별 운임표(노선 관세), 운송 거리, 운송 시간에 따라 달라진다. 3개의 패턴으로 계산한다(실무에서는 자세한 내용이 별도로 있다).

또 운임 관리의 시스템화가 적절하게 행해지고 있는 운송 회사의 경우, 상기 패턴에 기초한 운임 계산을 토대로 화주에 대한 청구서 발행 업무, 차량 대여지에 지불 통지서 발행, 수지 관리 기능까지 한꺼번에 처리한다. TMS의 커버 영역이 넓어지면 업무 효율화가 진행되어 인건비 절감과 각종 업무 정밀도 향상을 실현할 수 있다.

10-3 창고 관리 시스템, WMS

창고 업무의 효율화 · 간소화 구축을 위한 구조

WMS의 개요

10-1에서는 WMS와 유사한 시스템으로 LMS를 소개했다. 이러한 업무 관리 시스템은 각 기업의 경영 의사 결정에 의해 도입이 결정되기 때문에 일률적으로 이를 사용해야 한다는 규정은 없다. 따라서 창고업이나 물류업을 영위하는 기업 외에도 일부 제조업, 소매 도매업, D2C(direct to cousumer)를 포함한 EC · 통신 판매업 등의 사업 전개를 하는 기업 현장에서도 WMS가 도입되는 경우가 있다. 엔지니어는 각 업무 관리 시스템의 구조와 특성을 이해하고, 그 기업이 요구하는 시스템의 이상적인 모습을 고려하여, 때로는 기업의 최고 경영진에게 시스템 전문가로서 제안해야 한다.

WMS는 재고 관리 시스템과 유사한 개념으로, 큰 차이점은 목적과 관리 대상이 다르다는 것인데, WMS의 목적은 **창고 관리 업무의 생산성 향상이나 효율화**에 있는 반면 재고 관리 시스템의 목적은 앞에서 설명했듯이 **적정 재고 관리**이다. 또한 WMS의 관리 대상은 기본적으로 **창고 내 재고**에 한정되지만 재고 관리 시스템은 **창고 밖의 재고도 대상**으로 취급하므로 WMS와 재고 관리 시스템은 비슷한 개념이지만 각각 시스템으로서의 의의와 대상 범위가 다르다. 하나의 시스템의 위치를 도표로 나타내면 다음과 같다. 다만 기업의 재고 관리 시스템을 설계하는 방법에 따라서는 재고 관리 시스템이 창고 관리 업무를 겸하는 경우도 있으므로 어디까지나 일반론으로 이해하기 바란다.

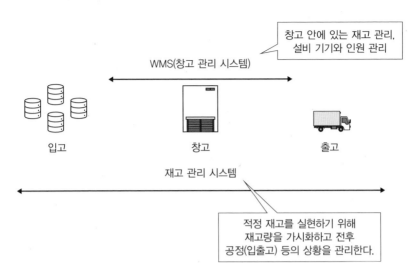

창고 안에 있는 재고 관리, 설비 기기와 인원 관리

WMS(창고 관리 시스템)

입고　　　　　　창고　　　　　　출고

재고 관리 시스템

적정 재고를 실현하기 위해 재고량을 가시화하고 전후 공정(입출고) 등의 상황을 관리한다.

◆WMS와 재고 관리 시스템의 위치

　앞에서 이야기했듯 WMS와 재고 관리 시스템은 목적과 대상 범위가 다르지만 창고 내에서 이루어지는 작업은 창고 관리 업무와 큰 차이가 없다. 3, 4장에서도 언급했듯 창고 관리 담당자는 대상 창고 안에서 입출고 업무, 재고 관리 업무, 재고 조사 업무 등을 하게 된다.

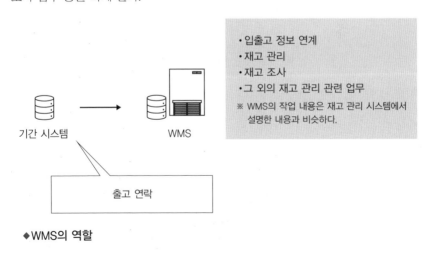

기간 시스템　　　　　WMS

출고 연락

•입출고 정보 연계
•재고 관리
•재고 조사
•그 외의 재고 관리 관련 업무
※ WMS의 작업 내용은 재고 관리 시스템에서 설명한 내용과 비슷하다.

◆WMS의 역할

235

제 **11** 장

재고 관리 관련
최신 테크놀로지 동향

사례 1 : 비컨을 사용하다

통신 기술을 사용한 비컨, 위치 정보로 재고 상황을 바로 파악할 수 있지만 과제도 있다

| 시스템과 비컨 기술을 합친 재고 관리 사례

최근 통신 기술의 발전으로 인해 다양한 장치와 시스템을 연동할 수 있게 되었다. 비컨도 그중 하나다. 이 **비컨**은 블루투스(Bluetooth) 신호를 이용하여 발신하는 단말기나 통신 방법을 가리키는데 신호를 수발신하여 **사람이나 사물의 위치 정보를 특정할 수 있는 기술**을 말한다.

또한 일반적인 블루투스보다 더 적은 전력을 사용하는 통신 방식을 사용하는 **BLE 비컨**(Bluetooth Low Energy)도 있다. 이는 사용 방법에 따라 코인 배터리로 수년간 배터리 교체 없이 사용할 수 있다. 시스템과 비컨의 활용 사례를 들면 재고 관리 외에도 위치 관리, 근무 관리에 자주 사용되며 비컨을 경유하여 사원이나 직원의 위치 정보를 파악하고 소재 및 근무 상황을 확인한다.

재고 관리도 마찬가지다. 최근에는 특히 창고 사업자를 중심으로 비컨과 재고 관리 시스템의 보급이 진행되고 있다. 구체적으로는 비컨을 재고에 부착하고 창고나 관리 센터 내에 설치된 카메라나 센서가 재고 수량, 재고의 크기, 입출고 상황을 자동으로 감지함으로써 재고 정리 업무와 발주 업무의 효율화, 재고 상황의 가시화, 재고 부족 방지 등에 공헌하고 있다.

종류에 따라 다르겠지만, 어떤 물건은 경보 기능을 탑재한 비컨도 보급되어 있기 때문에 이러한 기능을 잘 활용하면 창고에서 판매 거점으로 오배송되거나 도난 당하지 않도록 예방하는 데에도 도움이 된다.

구체적인 비컨 운용 방법은 다음 페이지 그림과 같은 흐름으로 나타낼 수 있다.

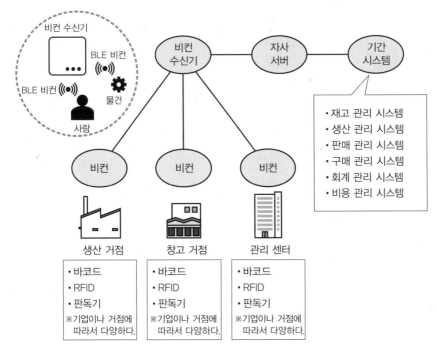

◆ 비컨의 운용 방법

비컨의 기능은 조금씩 향상되고 있지만 아직 과제가 남아 있다. 예를 들면 창고 내에 설치된 비컨의 위치로 인해 정확한 위치 정보를 얻기 어렵거나 어떤 창고, 관리 센터의 위치는 기지국에서 전파 수신 관계로 인해 좋은 위치 밀도를 얻기 어려운 경우도 있다. 비컨에 의한 재고 관리는 실제로 시험해 보지 않으면 모르는 것이 많기 때문에 개발 회사와 상호 작용을 하면서 최적의 방법을 찾는 수밖에 없다.

사례 2: 화상 인식 기술을 이용하다

AI 탑재형 카메라 화상 인식 기술의 진화로 한 단계 더 효율화하다

▌급변하는 화상 인식 기술과 재고 관리 업무의 응용

코로나19 사태로 인해 창고와 관리 센터의 인력 감축, 원격 관리에 주력하는 기업들이 늘어나고 있다. 또한 최근에는 **AI 탑재 카메라** 말고도 스마트폰 단말기 내 어플을 사용하고 있어 **사람의 눈으로 직접 하던 재고 관리 업무를 기계적으로 수행**하는 시스템이 속속 등장하고 있다. AI 탑재 카메라나 앱이 재고의 움직임을 감지하여 입출고 상황이나 현재 보유 재고량을 자동으로 관리해 주는 것이다.

이러한 기술을 도입하면서 지금까지 몇 시간씩 걸리던 재고 관리 업무가 단 몇 분만에 끝나는 사례까지 등장하고 있다. 또한 AI 탑재형 카메라나 앱 내의 **화상 인식 기술**의 정확도도 몇 년 전에 비해 현격히 향상되어 지금은 아르바이트생이나 직원이 눈으로 확인하는 것보다 정확하게 수치 파악이 가능해졌다. 아래의 예시는 화상 인식 기술을 활용한 재고 관리 업무의 운용 방법을 정리한 것이다.

① 사전에 AI 탑재 카메라, IoT 앱에 재고 정보(형상이나 외형, 크기 등), 재고 보관 장소 정보 등을 수집한다.

② ①에서 수집한 재고 정보와 재고 보관 장소 정보에 따라 재고 관리 담당 직원은 진열 및 보관을 한다.

③ 재고 보관 장소에서 재고가 운반되면 AI 카메라가 그 움직임을 감지하고 자동으로 그 개수가 계측된다.

※ 다음 그림과 같은 시스템 구성을 취하는 것으로, 재고 관리 담당에 의한 원격 관리도 가능하다.

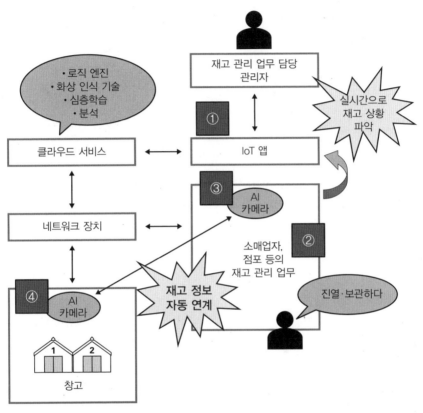

※ 로봇 공학 기술을 응용하여 자동 운반·보충하는 경우도 있다

◆**화상 인식기술의 구체적인 시스템 구성 이미지**

④ 운반된 수량만큼 창고 센터에서 새로 보충된다

화상 인식 기술이 발전하면서 최근에는 재고 하나하나를 파악하는 것이 아니라 진열장의 외관이나 공간을 학습시켜 기계가 품절 상황을 파악하는 일도 가능하게 되었다. 이들은 각각의 재고를 학습하지 않아도 되고, AI 카메라의 화각 학습만으

로 운용을 개시할 수 있기 때문에, 속도감을 요구하는 현대 사회에 적합한 방법이

라고 할 수 있다.

감지 대상→개별 상품

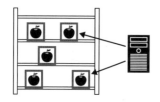

감지 대상→상품 진열대의 공간

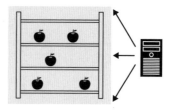

• 제품 자체를 학습하는 데 시간이 걸린다.
• 제품을 변경할 때마다 다시 학습해야 한다.
• 상품의 교체가 빈번한 점포에는 적합하지
  않다.

• 제품이 아닌 배경(선반)을 감지한다.
• 현장 설치 카메라의 학습만으로 운용 가
  능하다.
• 패키지 레이아웃 변경 시에도 적시 대응
  한다.

◆ 진화하는 화상 인식 기술 사례

11-3 사례 3: IoT 중량계를 활용하다

도입 사례 증가, 실제로 계량을 하기 때문에 정확도가 높은 기술이다

IoT 중량계란?

재고 관리 업무 중에 문제가 되는 점으로 인적 작업으로 의한 오동작, 실시간 정보 갱신의 어려움, 담당자의 의존화를 들 수 있다. 특히 소기업이나 중소기업 등에서는 지금도 수기로 장표류를 엑셀로 관리하고 있으며 실제 재고 관리 업무 중에서 다양한 문제와 과제를 안고 있다.

최근에는 **IoT 중량계**를 잘 활용하여 재고 관리 문제를 해결할 수 있게 되었다. IoT 중량계란 **인터넷에 접속한 상태에서 사용하는 계량기**를 말한다. 아마존 웹 서비스(Amazon Web Service) 및 구글 클라우드 플랫폼(Google Cloud Platform)이라는 클라우드 서비스에서 정기적으로 재고의 무게를 측정하여 재고수와 양을 파악하고 재고 관리 시스템에서 데이터를 수집하여 검색한다. 그리고 사전에 재고 관리 대상을 등록함으로써 그 대상의 무게와 개수를 연결시켜 계량 시 정확한 수치 관리가 가능하다. IoT 중량계 도입 후에는 재고를 눈으로 확인할 필요가 없어졌기 때문에, 인적 작업에 의한 오동작 방지와도 연결되어 재고 관리 업무에 걸려 있던 부하를 대폭 삭감할 수 있다.

이 책을 집필하는 시점에는 아직 화상 인식 기술을 이용한 활용 사례가 적고 실증 단계에 있는 것이 많지만, IoT 중량계의 도입 사례는 계속 늘어나고 있는데, 그 이유는 정확도의 차이가 가장 클 것이다. 화상 인식 기술도 상당한 속도감으로 진화하고 있지만, 실제로 무게를 계량해야 정확도가 높기 때문에 최근 재고 관리 업무의 효율화를 검토하고 있는 기업에 추천하고 싶은 것은 IoT 중량계다.

IoT 중량계로 실행할 수 있는 점

IoT 중량계로 할 수 있는 일은 크게 3가지로 나뉜다.

① 재고를 기계적으로 정확하게 계량한다.
② 재고 관리 시스템과 연동하여 재고량을 가시화한다.
③ 발주 관리 시스템과 연동하여 발주를 자동화한다.

그럼 각각 살펴보도록 하자.

먼저 ①번이다. IoT 중량계의 주요 역할은 **정확한 계량을 기계적으로 하는 것**이다. 수작업으로 재고를 계산할 경우 하나씩 직접 체크해야 하고 또 양을 재야 할 경우 저울에 올려야 한다.

마을에 있는 택배 회사에 물건을 가져가면 직원이 물건을 받은 후 저울에 올려 무게를 측정한다. 수작업 관리의 경우 그 수가 늘어날수록 더 많은 수작업이 필요하며, 계측에 막대한 시간이 소요된다. IoT 중량계의 경우 재고 수와 양을 기계적으로 계량하기 때문에 재고 측정에 수십 명의 직원을 투입하는 기업에서 재고 관리 업무를 2분의 1에서 3분의 1로 줄일 수 있다.

이어서 ②번이다. IoT 중량계를 재고 관리 시스템과 연동함으로써 **재고 숫자를 가시화**할 수 있다. 다만 IoT 중량계는 인터넷과 연결되어 있기 때문에 계측한 재고 데이터를 자사의 재고 관리 시스템에 보낼 수 있다(다만, 시판되는 패키지 소프트웨어나 엑셀이나 액세스로 재고 관리를 하고 있는 경우, IoT 중량계로부터 취득한 재고 데이터를 연동시키지 못할 수 있으므로 주의해야 한다).

여기서는 자사 시스템과 IoT 중량계가 연동할 수 있다는 전제로 이야기를 진행하며, IoT 중량계를 사용하면 계량 시점에 재고량이 어느 정도 존재하는지 즉시 파악할 수 있다. 또한 계량한 재고 데이터를 자사 공장의 생산 계획에 활용함으로써 품귀나 과잉 재고 등의 리스크를 배제하고, 사전에 임계치를 설정하여 보유 재고량이 일정 기준을 밑돌 경우 각 재고 관리 담당 직원에게 경보하는 시스템도 구축할 수 있다. 이러한 기능을 잘 도입·활용함으로써 데이터 체크 누락이 발생했을 때에도 기계적으로 전달되는 알림으로 재고 상황을 알 수 있기 때문에 품절이 일어나기 전에 무언가 대처할 수 있게 된다.

마지막으로 ③번이다. 발주 관리 시스템과 IoT 중량계(재고 관리 시스템)를 적절하게 연동함으로써 재고량이 임계치 아래로 떨어질 경우 **자동으로 발주할 수 있<u>으며</u>** 정기적으로 발주가 필요할 경우 자동 발주 기능을 통해 일상적인 발주 작업을 대폭 줄일 수 있다.

▌IoT 중량계의 구체적 도입 장점

IoT 중량계를 도입했을 때 구체적인 장점은 다음과 같다.

① 재고 확인 및 입력 작업을 하지 않아도 될 가능성이 있다.
② 일상적인 재고 정리는 필요하지 않다.
③ 재고 관리의 정확도가 향상된다.
④ 나사 같이 어려운 것들도 관리할 수 있다.

DX나 IT화가 진행되지 않은 현장일수록 일상적인 확인 업무가 남아 있다. 하지만 IOR 중량계가 도입되어 시스템화가 완성되면 재고가 있는 현장에 일부러 방문할 필요가 없다. 또한 재고의 입출고도 모두 IoT 중량계를 경유하여 관리할 수 있으므로 시스템에 입력 작업이나 장표 출력 작업도 불필요하며 재고 관리의 업무 효율화가 가속될 것이다.

①에서 '가능성이 있다'고 말한 이유는 기업에 따라 재고 관리에 관한 방침이나

장래에 IoT 중량계를 어떻게 활용할지가 다 다르기 때문이다. 예시로 중후장대 산업, 특히 건설업에는 지금도 종이 문화가 뿌리 깊게 남아 있으며, 전자화가 아직도 진행되지 않고 있다. 따라서 자재 등을 관리할 때 IoT 중량계를 도입했다고 해도 관리 방침이 종이 매체인 경우, 장표류 출력이나 관리가 업무로 남을 가능성이 있다. 따라서 시스템 엔지니어는 고객의 요구를 제대로 듣고 시스템화 범위를 결정해야 한다.

IoT 중량계 도입 효과가 가장 클 것으로 예상되는 것은 ②번이다.

소매업이나 유통업, 창고 관리업에서 재고 관리를 담당하는 담당자가 일상적으로 재고 정리 작업을 하고 있다면, 눈으로 확인하는 과정에서 '개수가 맞지 않는다', '양이 이상하다'라고 생각한다면 손을 멈춘 후 다시 몇 번이고 개수를 세어 보지 않겠는가?

이어서 ③번이다. 인적 작업으로 인한 재고 관리는 아무래도 오동작이 발생할 수 있다. 얼마 전에 주목받고 있던 RFID(3-2 참조)에서도 전파를 사용하고 있기 때문에 재고를 읽을 수 없는 경우가 발생했다. 그런 점에서 IoT 중량계는 안심하고 재고 수량이나 재고량을 정확하게 자동 계측을 할 수 있다. 그래서 재고 수량이나 종류가 풍부한 기업에는 IoT 중량계를 도입하는 것이 좋다.

마지막으로 ④번이다. 예를 들어 다음과 같은 재고는 IoT 중량계와 궁합이 좋다고 할 수 있다.

작고 숫자가 많은 물건   액체   가루   코드

◆IoT 중량계와 잘 맞는 재고

특히 나사나 부품처럼 하나하나 세기 어려운 제품이나 가루나 액체처럼 사람의 눈으로는 셀 수 없는 것에 좋다. 이런 상품을 취급하는 회사라면 IoT 중량계와 재고 관리 시스템의 연결을 검토해 보면 좋을 것이다.

사례 4: 로봇 공학 기술을 활용하다

AMR을 필두로 인적 작업을 대체할 수 있는 로봇 공학 기술로 진화한다

▋로봇 공학이란?

로보틱스(Robotics)는 바꿔 말하면 '로봇 공학'을 의미하며 로봇의 설계·제작·제어하는 전반적인 작업을 가리키는 말이다. 최근 선진국에서는 노동 인구의 감소와 인건비 급등으로 다양한 문제가 생겨나고 있다. 인적 작업을 대표하려는 재고 관리 업무를 필두로 소매업, 유통업, 만성적으로 손이 부족한 의료·간호업계에서 로봇 공학의 연구·개발, 투자에 힘을 쏟고 있으며 도입 사례도 해마다 증가하고 있다. 이번 페이지에서는 앞에서 언급한 화상 인식 기술이나 IOT 중량계와 로봇 공학을 명확하게 구분하기 위해 창고 업계를 중심으로 오늘날 크게 주목받는 **AMR**(Autonomous Mobile Robot: 자율 주행 로봇)과의 접점을 소개하려고 한다.

◆목적지까지 운반하는 AMR 이미지

출처: PR TIMES(NVIDIA, Isaac Ros의 최신 릴리스 발표, 자율 주행 로봇(AMR)용 오픈 소스 플릿 관리 도구 구현).
http://prtimes.jp/main/html/rd/p/000000338,000012662.html

AMR이란 2차원 바코드 인식이나 레이저 기술과 같이 주변 환경을 파악하고 목적지까지 자율 주행하면서 재고 등을 운반하는 차세대 로봇을 의미한다.

▎AMR 도입 시 장점

AMR을 도입하면 크게 3가지 장점이 있다.

① 재고를 기계적으로 운반하여 작업이 효율적이고 사람이 적게 필요하다.
② 기계적인 처리로 사람이 하는 실수를 줄인다.
③ 위험한 작업을 배제하여 안전을 확보한다.

먼저 ①번부터 살펴보자. AMR은 지정 루트에 근거하여 재고를 운반한다. 직원이 창고 업무를 할 때는 작업자가 재고 선반으로 이동하여 대상 재고를 찾고 발송지역과 같은 특정 위치로 이동하는 흐름이 필요했다. 하지만 AMR을 사용하면 위의 이동 및 운송 작업을 기계적으로 대체할 수 있다. 또한 재고를 찾는 작업에 관해서는 최근에는 센서 기술이 개발되어 로봇이 정확하게 구별할 수 있게 되었으며 인간이 하는 작업을 기계가 대체함으로써 작업의 효율화 또는 절약을 달성할 수 있다.

②번은 사람의 실수를 최소화할 수 있다는 의미이다. 안타깝지만 직원과 AMR 작업의 정확성을 비교해 보면 AMR 쪽이 이긴다. 직원의 실수를 방지하기 위해 여러 번 체크하는 기업도 많지만 그래도 AMR에게 작업 내용을 학습시키는 쪽이 정확도가 올라가기 때문에 더 잘 해낼 수 있을 것이다. AMR을 포함한 로봇은 정해진 작업을 기계적·자동적으로 실행하기 때문에 거의 실수가 없다. 만약 현재 재고 관리 업무를 할 때 사람에 의해 실수가 발생하는 작업에서 이를 바꿀 수 있다면 AMR의 효과가 매우 클 것이다.

마지막으로 ③번이다. 창고 회사나 물류 회사에서 일하는 직원은 재고를 운반하거나 정리할 때 넘어질 수도 있다. 뉴스에서도 대형 창고에서 재고가 쓰러지면서 사망 사고가 발생했다는 이야기가 나오고 있다. 사람의 목숨은 대체할 수 없다. 모든 운반·처리 작업을 AMR에게 맡기려면 몇 가지 단계가 필요하지만 산업 재해를 초래할 가능성이 있는 일부 위험한 작업 영역이라면 비교적 도입이 쉬울 것이다. 사건·사고가 발생하고 나서 변경한다면 늦는다. 위험한 재고 관리 업무라면 AMR 도입을 한 번 검토해 보기 바란다.

찾아보기

[집필자 소개]

주식회사 GeNEE

도쿄 미나토 구 롯폰기 잇초메에 본사를 둔 '일본 유수의 시스템/모바일 앱 개발 회사'로, 기간계·업무 관리계를 중심으로 한 시스템 개발 사업, B2B용 및 B2C용 최종 사용자를 대상으로 한 모바일 앱 개발 사업, 기업의 DX 추진 사업, MVP 개발 사업 등을 전개하고 있다.

'개발력'을 배후로 삼으면서 '비즈니스(전략)'와 'UI/UX 디자인'을 융합한 반주형 프로젝트 지원 시스템을 통해 민간 기업, 학교법인, 행정 등 다양한 산업·산업 분야의 클라이언트에게 수준 높은 개발 서비스를 제공한다는 점에서 정평이 나있다.

개발 초기에 진행되는 조사 분석 프로세스를 통해 클라이언트가 직면한 과제와 문제를 정확하게 파악하고 로드맵, 비즈니스 전략 개발 계획, 개발 계획을 포함한 IT 솔루션 제안을 일관되게 지원한다. 개발 및 기술을 무기로 인접한 전략 영역 및 UI/UX 디자인 영역을 포괄할 수 있는 시스템/모바일 앱 개발 회사는 일본에서도 유수하며 삼위 일체 형태의 프로젝트 지원 및 개발 서비스를 크게 강화하고 있다.

HP https://genee.jp/

DX/IT 솔루션 사업부

국내외의 DX 사례를 바탕으로 최첨단 IT 활용 및 비즈니스 추진을 담당하는 사업 부문. '비즈니스 디렉션 팀', 'DX/IT 컨설팅 팀', '기술 개발 팀', 'UI/UX 디자인 팀', 'UX 지원 팀'의 5개 팀으로 구성되어 있으며, 클라이언트가 안고 있는 조직 과제·업무 과제에 대해 각 팀의 스페셜리스트가 프로젝트를 편성하고, DX/IT를 절충점으로 한 솔루션을 제공함으로써 과제 해결에 나선다.

지금까지 소매 유통업·제조업·도매업·건설업·부동산업·금융업·의료 간호업·의료 검사업·인쇄 출판업·교육업·식품업·창고업·음식업·통신 판매업 등 다양한 업계·업종에 기술 지원을 하고 있다. 고객과의 공동 사업을 통해 탄생한 새로운 개발 기술과 지식은 계열사나 하청업체에 전달하여 업계 전체의 부가 가치 향상에 기여하고 있으며, 유명 대학과의 공동 연구와 연구 지원, 특별 강의 대응 등을 통해 최첨단 테크놀로지를 계몽하는 활동에도 주력하고 있다.

이러한 노력을 통해 사회 전체에 DX/IT의 침투에 기여하고, 더욱 효율화·스마트한 조직을 목표로 하고 있다.

히가노 타쿠야

주식회사 GeNEE 대표이사

도쿄공업대학 환경사회이공학원, 게이오기주쿠대학 대학원 경영관리연구과, 게이오기주쿠대학 비즈니스스쿨 수료(MBA: 경영학 석사 취득).

일본 최대 기업인 주식회사 NTT 데이터 등에서 엔터프라이즈 영역(대기업)을 위한 사업 개발, 사업 기획, 재무 기획 등에 종사하고 있다.

미국 스탠퍼드대학에서 해외 연수를 받고 시스템 및 모바일 앱 개발 회사인 주식회사 GeNEE를 창업해 소매 유통업, 제조업, 미용 의료업의 기간계 시스템, 업무 관리계 시스템 개발 프로젝트 외에 조직 전체를 변혁하는 DX 프로젝트를 담당했다.

[집필 협력]

사이토 유이치

주식회사 GeNee

오사카대학 공학부, 오사카대학 대학원 정보 과학 연구과 수료.

일본 최대 기업 SIer, 주식회사 NTT데이터에서 대형 금융기관을 대상으로 채권 서류 전자화 시스템, 금융 규제·법 규제 대응 시스템의 요건 정의, 인프라 설계·개발 및 구축, 복수 금융 서비스의 API 연계 등을 담당하고 있다. 그 후 주식회사 GeNEE의 이사로 취임하여 도매업, 의료검사업, 관광업의 업무 관리 시스템, 업무 애플리케이션 등의 개발 프로젝트를 이끌었다.

스즈키 소이치로

주식회사 GeNee

게이오기주쿠대학 경제학부, 게이오기주쿠대학 대학원 경영관리연구과, 게이오기주쿠대학 비즈니스스쿨 수료(MBA: 경영학 석사 취득). 국내 굴지의 메가 벤처 주식회사인 DNA에서 등록자 수 약 200만 명을 자랑하는 메가 히트 앱 '만화박스'의 풀 스크래치 개발 등을 담당했고, 그 후 주식회사 GeNEE의 이사로 취임해 건설업, 공사업의 기간 시스템 개발, 각종 DX 프로젝트를 이끌었다.

시마노 유타

주식회사 GeNEE DX/IT 솔루션 사업부

SIer에서 대형 금융 기관용 채권 회수 시스템, 주택 대출 시스템 등 인프라의 설계·개발·구축 및 신기술 도입을 위한 PoC를 담당하고, 그 후 주식회사 GeNEE에 참여했다.

현재는 인쇄업, 출판업의 기간계 시스템, 업무 관리계 시스템, 산지 직송계 플랫폼 서비스의 설계·개발 업무 등에 종사하고 있다.

엔지니어가 알아야 할
재고관리시스템의 '지식'과 '기술'

2024. 6. 12. 1판 1쇄 인쇄
2024. 6. 19. 1판 1쇄 발행

지은이 | 주식회사 GeNEE DX/IT솔루션 사업부
옮긴이 | 권수경
펴낸이 | 이종춘
펴낸곳 | [BM] ㈜도서출판 **성안당**

주소 | 04032 서울시 마포구 양화로 127 첨단빌딩 3층(출판기획 R&D 센터)
10881 경기도 파주시 문발로 112 파주 출판 문화도시(제작 및 물류)

전화 | 02) 3142-0036
031) 950-6300
팩스 | 031) 955-0510
등록 | 1973. 2. 1. 제406-2005-000046호
출판사 홈페이지 | www.cyber.co.kr
ISBN | 978-89-315-8626-8 (03320)
정가 | 19,000원

이 책을 만든 사람들
책임 | 최옥현
진행 | 김해영
교정·교열 | 문인곤, 장윤정
본문 디자인 | 김인환
표지 디자인 | 박원석
홍보 | 김계향, 임진성, 김주승
국제부 | 이선민, 조혜란
마케팅 | 구본철, 차정욱, 오영일, 나진호, 강호묵
마케팅 지원 | 장상범
제작 | 김유석

www.cyber.co.kr
성안당 Web 사이트

■ **도서 A/S 안내**

성안당에서 발행하는 모든 도서는 저자와 출판사, 그리고 독자가 함께 만들어 나갑니다.
좋은 책을 펴내기 위해 많은 노력을 기울이고 있습니다. 혹시라도 내용상의 오류나 오탈자 등이 발견되면 "좋은 책은 나라의 보배"로서 우리 모두가 함께 만들어 간다는 마음으로 연락주시기 바랍니다. 수정 보완하여 더 나은 책이 되도록 최선을 다하겠습니다.
성안당은 늘 독자 여러분들의 소중한 의견을 기다리고 있습니다. 좋은 의견을 보내주시는 분께는 성안당 쇼핑몰의 포인트(3,000포인트)를 적립해 드립니다.

잘못 만들어진 책이나 부록 등이 파손된 경우에는 교환해 드립니다.